ちくま文庫

難民高校生

絶望社会を生き抜く「私たち」のリアル

仁藤夢乃

筑摩書房

目次

第2章　希望を失う若者たち

第3章　私を変えた外の世界

第4章　被災地で出会った中高生のリアル

第5章　町の小さな高校と和菓子屋さんの挑戦

第6章　若者が夢や希望をもてる社会をつくるには

本文写真撮影　著者

難民高校生

——絶望社会を生き抜く「私たち」のリアル

はじめに

高校時代、私は渋谷で月25日を過ごす〝難民高校生〟だった。

家族との仲は悪く、先生も嫌いで学校にはろくに行かず、家にも帰らない生活を送っていた。髪を明るく染め、膝上15センチの超ミニスカートで毎日渋谷をふらついていた。

当時、私は自分にはどこにも「居場所がない」と思っていた。そして、私の周りには「居場所がない」と渋谷に集まっている友人がたくさんいた。

16歳のある日、制服で渋谷に出かけ、センター街で友人と立ち話をしていると、30代と思われる一人の男性に声をかけられた。

「ここに唾を吐いてくれれば、5000円あげるよ」

その男は紙コップを私たちの前に差し出した。友人が冗談半分でそこに唾を吐く。

すると、男はバッグからおもむろにペットボトルに入ったサイダーを取りだし、紙コップに入った唾をそれで割った。そして、私たちの目の前でそれを飲み干し、「おいしかったよ」と言って友人に5000円を渡し、立ち去った。今思えばとてつもなく気持ちの悪い話なのだが、当時の私たちにはそのおじさんの奇妙な行動がおかしく、爆笑しながらその5000円をもってカラオケに行って、遊んだ。

他にも、渋谷駅前のスクランブル交差点の向かいで友人と待ち合わせをしているときに、「ちょっとごはんでも行かない？」とスーツ姿の「いかにもサラリーマン」という感じの男に声をかけられることやホテルに誘われることは日常茶飯事だった。そのたびに私は、制服を着た女子高生にスーツ姿の男性がよく声をかけられるものだ、と感心した。声をかけてくる男は20代から60代までさまざまだった。私はおじさんに付いていくことはなかったが、20代ぐらいのイケメンの男にナンパされて友人と一緒に付いていくことはあった。当然ながら見知らぬ男と遊んでいる中で危険を感じたことは多々あったし、実際に被害に遭った友人もたくさんいた。

当時の話をすると「昔流行った携帯小説の話みたい」と言われることがよくあるが、これは小説ではなく現実に起きていたことであり、そしてきっと今も起き続けていることなのだ。そんな高校生たちの存在を、世間はどう認識しているのだろうか。

「居場所がない高校生」に多くの人は目を向けていない。世間は彼らに何も期待しない。「渋谷をふらついている高校生」に対して、あたかも自分は彼らと違う世界の住人であるかのように接触を避け、街で見かけても目を合わせないようにして通り過ぎる。

都市か地方かにかかわらず存在する、「不登校」や「引きこもり」「ニート」と呼ばれる若者たちに対しても同様だ。彼らを「最近の若者」と一括りにし、彼らの存在や言動を「若者の問題」として自分とは無関係だと思っている人は多いのではないか。しかし、そうした若者たちは、それぞれ十人十色の葛藤があって今の姿になっている。そこに至るまでの背景には私たちが形成している社会があることを忘れてはならない。

いつの時代もそうだったのだろうが、大人たちは「最近の若者はダメだ」と嘆く。そして、その声は、若者たちの可能性を掻き消していく。

「ダメ」なのは若者か

「最近の若者」である私には、そう嘆く大人たちがかつてどんな若者だったのか、わからない。しかし、それでは「最近の大人たち」はどうなのだろうか。私は高校時代、たくさんの「ダメ」な大人たちを見てきた。そんな大人たちを見るたびに、私は大人が嫌いになった。

「ダメ」なのは、若者なのだろうか。

髪を染め、化粧をし、渋谷で派手な遊びをしていた私は学校でも噂になっており、教師たちから厳しい視線を集めていた。家族ともうまくいっていなかった当時の私にとって、渋谷は最後の逃げ場であり、唯一の居場所だった。しかし、そんな私の唯一の居場所は「ダメ」な大人で溢れていた。そんな大人たちに触れるたび、私は未来への希望をなくし、社会に絶望していった。

さらに、そんな社会をつくっている大人たちから「最近の若者は……」と嘆かれるものだから、自分が何のために生きているのか、わからなくなった。

分断された若者／大人の社会

私が言いたいのは、「最近の大人はダメ」とか「若者はダメ」とか、そういうことではない。「最近の若者は……」と嘆いている大人たちの中に、どれだけ「最近の若者」と関わりをもっている人や、「最近の若者」の現状を表面的に捉えるだけでなく彼らの生活や抱える問題とその背景を把握し、理解している人がいるだろうか、ということだ。おそらく、多くの大人は「最近の若者」たちとの関わりの機会をもっていない。今の「若者のリアル」を知っていると自信をもって言える人は、ほとんどいないだろう。

高校時代、「大人はわかってくれない」と思っていた私は「この経験や葛藤を大人になっても忘れてはいけない」と心に決めていた。それは、「将来、今の私のような高校生のリアルを大人たちに知ってもらいたい、理解してもらいたい」と考えていたからだ。

そんな私ですら、当時の生活から離れて数年、22歳にしてその頃のリアルを忘れつつあるのだから、若者との関わりをもたない大人が今の若者を理解することは簡単ではないだろう。

振り返ってみると、数年前、渋谷でたむろしていた私たちは、大人はわかってくれない、と「大人たちのつくる社会」で生きることを諦め、「自分たちの社会」をつくっていたように思う。大人から理解を得ることを諦めた若者が、自分たちの社会をつくり、その中で生活するようになると、大人たちはますます若者たちのことがわからなくなってしまう。そして、よくわからない「最近の若者」に対する批判は「理解できない」という諦めになり、最後には無関心になる。こうして、大人と若者の溝は深まっていく。

大人と若者の社会は、分断されている。

だからこそ、私は今、大学生という立場でこの本を書きたいと思った。この本では、大人と子どもの間の「若者」として、これまで私が出会ってきた「最近の若者」たちのリアルを伝えたい。

〝難民高校生〟とは

高校1年生の私の生活は、こうだった。

毎日起きるのはお昼過ぎ。家族と顔を合わせないよう、全員が出かけたのを見計らって自分の部屋を出る。出席日数を稼ぐために気分が乗らないまま電車に乗って高校に行き、午後の授業に少しだけ顔を出す。放課後は友人と渋谷に向かい、夜まで遊んで過ごす。渋谷には友人がたくさんいて、私たちはカラオケに行ったり、プリクラを撮ったり、居酒屋のキャッチのお兄さんやアクセサリーショップの店員とおしゃべりしたり、ファーストフード店でたむろしたりして時間を潰していた。家に帰りたくなかったから、いかにして夜まであまりお金を使わずに過ごすかを考えていた。ごはんをおごってくれるという大学生と飲みに行くこともあったし、終電を逃したときはナンパされて知り合った社会人の男を呼び出して車で家の近くまで送ってもらうこともあった。

私はいつも、自分と同じように「居場所がない」と言っている友人たちと行動していた。一緒にネットカフェに泊まったり、カラオケでオール（オールナイト）したり、お金がないときはファーストフード店の客席で仮眠しながら朝が来るのを待ったり、公園やビルの屋上に段ボールを敷いて寝たりすることもあった。私にはそういう生活をしている友人がたくさんいた。食べ物を買うため、自動販売機の下に小銭が落ちていないかと探して歩くこともよくあった。

私は、かつての私のように家庭や学校、他のどこにも居場所がないと感じている高校生のことを〝難民高校生〟と呼んでいる。

当時の私や、私の周りにいた友人たちは、家庭にも学校にも居場所を失くした〝難民〟だった。家庭と学校の往復を生活の軸にしている高校生は、限られた人間関係しかもっておらず、家庭や学校での居場所を失くすとどこにも居場所がなくなる。家にいても学校にいても落ち着かず、安心して過ごしたり眠ったりできる場所がなかった私は、同じように「居場所がない」と感じている高校生たちが集まっていた渋谷で毎日を過ごすようになった。

渋谷は私にとって最後の居場所だった。そこは、目には見えない、形のない「難民キャンプ」のような場所だった。


貧困問題に取り組む社会活動家の湯浅誠氏は「〈貧困〉というのは〝溜め〟のない状態のことだ」と言っている（『貧困襲来』山吹書店）。

湯浅氏は著書の中で、貧困に陥らないためには、「金銭的な溜め」や「人間関係の溜め」、そして「精神的な溜め」が必要だと述べている。もし職を失っても「金銭的な溜め」があればそのお金でしばらくは食べていけるし、親や友人などの「人間関係の溜め」があれば新しい仕事を紹介してもらえたり、次の仕事が見つかるまで家に住まわせてもらえたりするかもしれない。「精神的な溜め」とは、自分に自信がある、自信があって気持ちにゆとりがある、といったことだ。「金銭的な溜め」がなくても、「人間関係の溜め」や「精神的な溜め」があったことで救われたという経験をもっている人もいるという。

〝難民高校生〟たちの問題も同じだ。彼らは「溜め」をもっていない。

家庭と学校の往復を生活の軸にしている多くの高校生は、家庭や学校生活での関係性が何かをきっかけにして崩れ、「人間関係の溜め」を失うと、すぐに居場所を失くしてしまう。

家庭や学校に居場所を失くした高校生が、彼らを見守る大人のいない状態で生活するようになると、そこには危ない誘惑がたくさん待っている。

私は渋谷で何人もの「ダメな大人」と出会ったし、未成年の少女たちを水商売や売春に斡旋する場面を何度も目にしてきた。高校生が家に帰らず遊んだり、どこかに泊まったりするためにはお金が必要だが、彼らは「金銭的な溜め」ももっていない。だから〝難民女子高生〟は、ごはんをおごってくれるとか、泊めてくれると言う男の人についていったり、給料が高いことを理由に違法の水商売などの仕事に就いてしまう。〝難民男子高生〟も、手っ取り早くお金を稼ぐために出会い系サイトのサクラのバイトやパチンコの打ち子をしたり、ホストになったりする。しかし、女子高生を家に泊めてくれる人や高時給で働かせてくれる仕事というのは、彼女たちの若さや体を目的としたり売りにしたりするようなものばかりだし、男子高生を高時給で雇うような仕事も危険なものばかりだ。

ただでさえ家庭や学校に居場所を失くして精神的に傷ついている〝難民高校生〟た

ちは、そういう生活を続けるうちに、「自分は何をしているのだろう」「これからどうなっていくのだろう」と不安になり、「自分なんてだめだ」と自信を失くし、「精神的な溜め」をも失っていく。私もいつからか、自分や社会に絶望し、死にたいとすら思った。

ずっとこんな生活を続けていても何も変わらないことはわかっていたし、こんな毎日から抜け出したいと思っていたけれど、私にはどうすればいいのかがわからなかった。

〝難民高校生〟のその後

高校2年生の夏、私は高校を中退し、その後もしばらく同じような生活を続けていた。しかし、ある大人との出会いをきっかけに、私は変わった。その後、さまざまな経験や出会いを通して「人間関係の溜め」や「精神的な溜め」を手に入れることができた私は、大学に進学し、中高生と関わる活動をしている。

私が今この本を書いているのは、〝難民高校生〟の存在や彼らが抱えている問題を多くの人に知ってもらう必要があると考えているからだ。なぜなら、彼らの存在は一時的なものではなく、〝難民高校生〟の問題は次の世代へ連鎖するからだ。

数年前、私が渋谷で一緒に過ごした友人の多くは、今も当時の生活から脱することができていない。20代となった今でも「居場所がない」と言いながら、キャバクラなどの水商売や風俗店で働いたり、日雇いや派遣のアルバイトをしたりしながら、なんとか生活している。

高校時代に「時給がいいから」といった軽い気持ちで、水着のような露出の多い衣装で接客をする居酒屋や出会い系サイトのサクラのバイトをはじめる。しばらくそれを続けると、もっと時給のいいバイトを求めてキャバクラやホストクラブで働くようになる。最初から体を売りにするような仕事をしたいと思ってはじめる高校生はほとんどいないけれど、そういう仕事を続けるうちに「もうここまで来ちゃったからいいや……」とか、「他にできる仕事はないし……」という開き直りや諦めの気持ちが出てきて、「体は減るものじゃないし……」と自分に言い聞かせ、水商売や風俗の世界で働き続けるようになる。「このままではよくない」と思っても、どうしたらいいのかわからないし、「溜め」がない彼らには頼れる人もいない。目的をもってお金を稼ぐためにキャバクラでバイトする女子大生と、高校生のうちからそういう世界に足を踏み入れている彼女たちとはわけが違う。

20代になった彼女たちは今、高校時代よりお金を稼ぐことはできているかもしれないが、不安定な職に就いている人が多く、「溜め」と言えるほどのお金はもっていない。そして、高校時代と変わらず、頼りにできる人間関係や精神的な「溜め」をもたないまま、居場所のない生活から抜け出せないままになっている。私は、そういう〝元・難民高校生〟を何人も知っている。

このままの生活を続ける以外にどんな選択肢があるのかすらわからないまま、そうした生活を続けるうちに、彼らはそういう世界で生きる人たちとの人間関係しかもたなくなる。そして、ますます「溜め」のない難民生活から抜け出せなくなっていく。〝難民〟となった高校生が、「溜め」を手に入れることができないまま大人になると、貧困に陥る。そして、新たな「溜め」のつくり方も知らないままに彼らが親になると、その子どもにまで貧困が連鎖してしまう。

〝難民高校生〟の問題は、貧困問題なのだ。

防げ！　難民化

貧困の連鎖を止めるには、〝難民高校生〟たちが「溜め」のない状態のまま大人になっていくのを防ぐ必要がある。そして、家庭や学校以外に溜めをもっていない〝難民高校生予備軍〟が難民化するのを防ぐことも必要だ。

難民高校生や予備軍のために必要なのは、家庭や学校の「外の社会」とのちょっとした人間関係や、精神的な「溜め」なのだ。

〝難民高校生〟を増やさないためには、大人たちが彼らを社会の一員として捉え、彼らの状態や置かれた状況を知り、その背景を見直すことが必要だ。

その第一歩として、私はこの本を通して、読者のみなさんに〝難民高校生〟の存在を知っていただきたいと思っている。

この本では、私がなぜ〝難民高校生〟になったのか、そして、その後どのようにその状況を脱し、今どのような活動をしているのかを紹介したい。

第1章

私が「ダメな子」になったわけ

中学校入学時、私は勉強ができるわけではなかったが、活発で、どちらかというと真面目な中学生だったように思う。小学生のとき、私に好意を抱いていた同級生の男子にスカートをめくられたり、ランドセルを私の手の届かない高い所にひっかけられたりするなどちょっかいを出されるのが嫌で、彼のいない学校に行くため、親に頼んで中学受験をし、中高一貫の女子校に通わせてもらっていた。子どもの頃から歌を歌うことが好きだった私は中学1年生のときには合唱部に入って集会で歌ったり、文化祭でミュージカルを演じたりしていた。有志参加型の活動にも積極的で、夏休みには広島に行って平和について考えるスタディーツアーに興味をもち、親や学校の先生を説得して参加させてもらった。

しかし、そんな中学生だった私は中学の半ばから、周囲から「ダメな子」と見なされるようになった。校則を破り、部活を辞め、放課後は街で遊ぶ。親や先生に反抗し、気づけば家庭や学校に居場所を失くしていた。

先生と私

中高生の頃、少しだらしない服装をしてみたり、校則をちょっと破ってみたりした経験は誰にでもあるのではないだろうか。今となっては恥ずかしい話だが、中学2年生の頃、友人たちの中で「上履きのかかとを踏むのがかっこいい」という風潮があった。私も当時それを「イケテル！」と思っていて、先生や親に「だらしないからやめなさい」と言われても、子どもらしい反抗を続けてかかとを踏み続けた。流行っていた雑誌のモデルに憧れたり、他校の男子高生と遊ぶようになったりしはじめたのがきっかけで、「もっと可愛くなりたい！」と、校則で禁止されていた化粧をするようにもなった。中学3年生になると髪を少し茶色くなるように脱色し、高校生になる頃にはかなり明るい茶色に染めるようになった。先生や親に注意されると、「うるせーよ」と反抗していた。

反抗的になったのには、14、15歳の私なりの理由があった。当時、私の周りには、同じように校則を破って髪を染めたり化粧をしたりしている友人たちがいた。私たちは校則を破っていることに対してどこか申し訳なさのような感情をもってはいたけれど、先生から、なぜそのようなことがルールとして決められているのか納得できる説明はなかった。注意されたとおりに従うのはかっこ悪いという気持ちもあって、校則を破り続けていた。私たちはそうした校則違反は些細なことだと思っていたが、先生たちにとってはそうではなかったようで、いつからか、「ロッカーが壊された」とか「誰かの財布が盗まれた」など、何か学校で問題があるたびに「あの子たちは校則も守れないのだから」と、真っ先に疑われるようになった。

たとえば、こんなことがあった。

ある夏の日、先生に「整理整頓ができていない」と注意された友人がいた。たしかに彼女の机は汚かったが、他にも同じような生徒がたくさんいたにもかかわらず、先生は彼女だけを注意した。彼女は言い訳をせずにその場で机を片付けた。しかし、先生はその様子を見ながらこう言った。

「そんなだらしなく汚らしい生活を送っているあなたは、たくさんの人に迷惑をかける無差別殺人者集団の一員と同じだ」

15歳だった私は、仲のいい友人がそう言われることに傷つき、腹が立った。他の友人たちは「先生に何を言っても仕方ない」と諦めていたが、私は許せず、「なぜ、そんな言葉を使って生徒を傷つけるんですか！」と先生に問いただした。先生とのそんな言い合いで授業時間の半分を潰したこともあったし、「話の続きは放課後に」と職員室に呼び出され、激しく言い合ったこともあった。話を収めようと他の先生が入ってくると、当の先生は「私がそんな発言をするわけがない」としらばっくれた。

生徒をバカにするような発言をする先生は、他にもいた。

高校1年生の1学期、担任との面談の日。私は友人たちと「それぞれの面談に何分かかるか」を賭けていた。

「ゆめのは一番の厄介者だから、きっと20分はかかるよー」

「いや、30分はいくっしょ。問題児だからね（笑）」

私に対する友人たちの予想は、そんなふうだった。

「やだよー、あんなやつと長時間、同じ空気を吸いたくない」

そう言って面談室に入った私が席に着くなり、先生は信じられないことを言った。

「あんたはねえ、友達がよくないのよ。本当はできる子なのに、付き合う友達がよくないからダメになる。○○さんとか、ああいう頭の悪い子と一緒にいるからダメなのよ」

それを聞いた私の頭には血が上っていた。

「生徒の前で他の生徒を名指しでバカにするなんて、教師として信じられない！　なんであなたは先生になったんですか⁉」

そう言う私に先生はこう答えた。

「私が教師になったのはねえ、高校時代に私をいじめるヤツがいて、いじめられる子を守りたいと思ったからなのよ！　あんたたちみたいな派手な子がいじめをする危険があってことはわかってる‼ だから私はあんたたちに厳しくしているんじゃない！ そんなこともわからないの⁉」

この言葉を聞いた私は、イスを蹴り飛ばして面談室を後にした。この話を聞いた友人たちは、怒ったり悲しんだり傷ついたりした。

今思えば、私たちは面倒な生徒だっただろう。しかし、こういうことを繰り返しているうちに、私は「先生」を信用できなくなった。たしかに、校則違反をしていたのは私たちであり、悪かったのだろうけれど、当時の私には、そんな先生たちの言うことをなぜ守らなければならないのかが、わからなかった。

家族と私

校則を破り、学校で先生とトラブルを起こして問題児となっている私のそばでいったい家族はどうしていたのか、と思う方もいるだろう。私は中学の終わり頃から、先生に反抗的になると同時に、家族にも反抗していた。

本当に嫌な記憶というのは忘れてしまうものなのか、私自身もはっきり覚えていないが、当時、私の家庭は荒れはじめていたと思う。父は2年ほど前から単身赴任しており、当時、母は中学3年生の私と小学生の妹の2人の娘を抱えていた。母は、校則を破ったり遅刻を続けたりする私をよく叱った。家に帰るたびに口うるさく怒られることを嫌った私は、だんだん家に帰らなくなっていった。

子育ての不安を相談したり、愚痴をこぼせたりする人がそばにいなかった母は、たまに帰ってくる父ともすれ違うようになっていたようだ。それと同時に私はますます反抗的な態度をとるようになっていき、徐々に家庭は荒れ、自分たちではどうすることもできない状態になっていった。「これが原因だった」と特定することはできず、父の転勤や、母の仕事のストレスや子育ての悩み、私や妹の反抗期や学校での出来事、友人関係のトラブルなど、誰でも一度は経験したり悩んだりするようなさまざまな状況が重なって、そうなっていった。きっと、当時は父も母も私も妹も、それぞれが悩んだり、迷ったりしていたのだと思う。

私は、家族に反抗しながらも、どこかで「ごめんね」という気持ちを抱いて毎日を過ごしていた。

友達と私

派手な見た目や遊び方をし、反抗的な態度をとっていた私は、学校で目立っていた。女子校ではよくあることだが、学校に行けば後輩たちから「プリクラください！」

「一緒に写真撮ってください！」と言われ、休み時間に教室まで手紙を渡しに来る子
もいた。中学生の頃から、私は「ゆめにゃん」というあだ名で呼ばれていたのだが、
当時流行っていたSNSサイト「ｍｉｘｉ」には「アイドルゆめにゃん」というコミ
ユニティまでできた。私は周りからもてはやされる状況に少し鼻を高くしながらも、
みんなの前でニコニコと笑っていなければならない毎日に嫌気も差していた。
当時、中高生たちの間では「前略プロフィール」（ネット上に自分のプロフィールを掲載するもの）をつくったり、個人サイトを開設したり、仲のよい友人同士でグループをつくって共同のホームページをつくったりするのが流行っていた。そこには、メンバーのプロフィールや日記、みんなで撮ったプリクラや遊びの予定などを書いていて、お互いの日記にコメントし合ったり、サイトを通して他校のグループと知り合ってカラオケに行ったり、2対2でデートをしたりしていた。

また、学園祭シーズンには友人とよく男子校の学園祭に行っていた。学園祭シーズンは出会いの季節。そこでするのはナンパ待ち。ナンパ待ちスポットと呼ばれる場所があり、そこにいると男子高生たちがここぞとばかりに話しかけてくる。かっこいい男の子や気の合いそうな男の子がいればアドレスを交換し、友達になる。その後メールや電話のやり取りを続け、今度は放課後にお互いの友達を連れてきてグループで遊

んだり2人で遊んだりする。そうしてどんどん他校の友達が増えていった。

一方、通っていた学校では、男の子と頻繁に遊んでいることが噂になり、私は「ちゃらい」とか「ヤリマン」とか言われるようになった。男が絡むと女は怖い。昨日まで「今度一緒に遊ばない?」「誰か男の子紹介して〜」などとメールしてきていた子が、次の日に学校に行くと「あいつ、マジちゃらいよ。たいして可愛くもないのに」と私の悪口を言っている、なんてことはよくあった。当時、私たちは、本当はそんなに仲がよい相手ではなくても、あたかも仲がよいかのように接することを「表面的な、うわべだけの付き合い」という意味で「うわべ」と呼んでいたのだが、当時の私には「うわべ」の友人がたくさんいた。

ネットの掲示板にも「あの子は○○高校の○○君とヤったらしい」とか「今日渋谷で○○先輩の元彼と歩いてた」とか、あることないことを書かれた。私は「誰に何と言われようと関係ない」と強がって、気にしていないかのように振る舞っていたが、実際には「誰がそんなことを書いたのだろう」と気になったし、誰かに恨まれているんだろうかと不安にもなった。ネットへの書き込みに苛立っても、書き込んだ相手がわからないから反論もできず、「相手にしない方がいい」とわかっていても気になる自分にまた苛立っていた。

居場所のない高校生

今、かつての私のように、親や先生に不満を感じたり、友人関係に不安や悩みを抱えたりしている中高生はどのくらいいるだろうか。おそらく、ほとんどの中高生が似たような思いや悩みを経験しているだろう。私が学校に行かなくなり、家にも帰らない「ダメな子」になっていったのは、そういったもやもやした気持ちを話せる場所がなく、学校や家庭でのことを相談できる人や、何かあったときに背中を押してくれる人がいなかったことが大きな理由だったように思う。

家も学校も、嫌い。親にも学校の先生にも自分の本当の気持ちは話せずにつっぱっていた私は、どこにいてもいづらさを感じるようになり、「自分は誰からも期待されていない」「自分は必要とされていない」と思うようになった。

高校生の人間関係は狭い。学校と家庭、その他にあるとしてもアルバイト先や塾、地元の友人くらいだろう。学校で何か困ったことや問題があっても家族に相談できれば学校に行くのが苦痛にはならないし、家族で問題があっても愚痴を言える友達や相談できる先生がいれば頑張れるのではないか、と考える人もいるかもしれない。しかしそれは、そんなに単純なことではない。

高校生にとって、学校で起きた自分に関するあまりよくない出来事を、親に言うのは少し気が引ける。「心配をかけたくない」とか「親に言ってもどうしようもない」と考える人もいるだろうし、実際に学校での心配ごとを相談してみても「そんなの気にすることじゃない」と流されてしまったことのある人もいるだろう。逆に、親に何か相談をして過剰な反応をされるのが嫌だという人もいる。親に学校での愚痴をこぼして、親が先生にそれを伝えてしまったら、学校生活がさらに気まずくなるかもしれない。そんなことを考えると、本当に悩んだり困ったりしたときこそ、家族には相談しにくいということがある。

家庭のことは、もっと相談しにくい。他人に家族のことを悪く言うのは気が引けるし、相手に家族のことを悪く思われるのも気持ちがよくない。その上、家庭での悩みや問題は友達や先生に相談したところでどうにもならないことが多い。だから、家で嫌なことがあって不機嫌なまま登校し、だるそうにしていると、先生に「その態度はなんだ」と言われ、その言葉に「先生にはどうせわからないだろう」とまた苛立つ。そんなことは私自身よくあったし、学校で嫌なことがあったときに家族に八つ当たりをして、喧嘩になったという経験がある人もいるだろう。

高校生たちの「溜め」として機能するはずの親や先生との関係は、一見うまくいっているように見えても、何かのきっかけであっという間に崩壊してしまう可能性が、誰にでもある。

自分たちの世界

そんな高校生たちの最後の居場所となるのが、「自分だけの世界」や「自分たちだけの世界」だ。高校生たちは誰でも親や先生に見せるのとは別の顔をもっている。それがどんな世界かは人によってさまざまだが、似たような状況にある友達同士や恋人とつくられる「自分たちだけの世界」をもっている人もいれば、誰にもわかってもらえない、わかってもらう必要のない「自分だけの世界」をもっている人もいるだろう。

私も、そうだった。

高校生になる頃から、私は毎日のように渋谷にたむろしていた。私はそこで、友人たちと「自分たちの世界」をつくっていた。同時に家族との関係はさらに悪化した。学校に通わず、派手な格好で遅い時間まで遊ぶ私を両親は叱り、私は「こんな家にいたくないから外に出ていくんだ」と反抗的な態度をとって困らせていた。

家にも学校にもいづらくなっていた私にとって、渋谷は唯一の居場所だった。「渋谷に行けば誰かがいる」、そんな安心感があった。先生や親に注意されたり、口うるさく文句を言われたりすることはない世界がそこにはあると思っていた。

その世界には当時の私と同じような高校生たちが集まっていた。

私たちは具体的な遊びの約束をするわけではなく、「今日行く？」とか「今日いる？」と連絡をとり合いながら渋谷に集まり、その日の気分に合わせて行動する「場面行動」をとっていた。渋谷で遊んでいると学園祭で知り合った他校の友達やその「友達の友達」に出くわす。すると「場面」で一緒にプリクラを撮ったり、カラオケに行ったりすることになり、「友達の友達」とも友達になる。さらに「友達の友達」の友達と……という繰り返しで、あっという間に知り合いが増えていった。渋谷で出会った友達は何人くらいいるだろう。どこまでを友達と呼ぶかは微妙なところだが、私にはその頃知り合って今も連絡先を知る人が１００人以上いる。

「家や学校にいたくない」とふらふらしている高校生は、本当にたくさんいた。だから私には友人はたくさんいたが、居場所を失くした高校生の精神状態は不安定だ。そして、みんな「うわべ」の付き合いに慣れている。私も、そこで出会った友人たちのすべてを信用できるわけではなかった。きっと、他の高校生たちも同じように思っていただろう。私たちの関係はお互いがお互いを信頼できる関係ではなかった。そこは

「うわべ」で塗り固められた世界だった。

そんな「うわべ」の世界で生活するうちに、私は大人だけでなく友人たちのこともほとんど信用することができなくなった。悲しいことばかり起こる毎日が辛く、私はそうしたことにいちいち傷つかないために「何も知らないふり＝バカなふり」をすることにした。私は「ゆめにゃん」というキャラを演じ、まともな日本語を話す代わりに「おはにゃん」とか、「だるいにゃぁー」というように、すべての語尾に「にゃん」を付けた「ネコ語」で話すようになった。腹立たしいことや悲しいことがあっても「おつにゃんっ♪」と言ってごまかす。バカっぽく振る舞い、嫌なことがあっても何も知らないふりをして、私は自分を守ろうとした。そしてここから、「ゆめにゃん」というキャラをかぶった生活がはじまった。

それまでの私は、周りから「強い子」と言われ、何か悔しいことやどうにもならないことがあっても、感情を押し殺さなければならない気がしていて辛かった。しかし、バカキャラになることで、「こいつは何も考えていない」と思われるようになり、ラクになった。「ゆめにゃん」というキャラはいつの間にか私に同化し、私はキャラを演じているつもりがなくなった。それが、私の「自分だけの世界」の一つだったのかもしれない。

大人からの視線――「ダメな子」というレッテル

居場所を失くした高校生たちが「自分たちだけの世界」の中で生きはじめると、大人たちにはますます彼らが理解できなくなってしまう。

高校生にもなれば誰もがいろいろな顔をもっている。親や先生にしか言えないことがあると同時に、親や先生には言いたくないことや言えないことがあるし、友達にしか見せられない姿がある。だから、親や先生などの近くにいる大人でも、彼らの世界で何が起きているのかを知ることは難しい。そして、理解できない子どもや生徒の言動に対して、ただ叱ったり、どうしたらよいのかわからなくなってしまう。そういうことが重なり、子どもが親や先生から「問題児扱い」されるようになると、その「ダメな子」という大人からのレッテルが、彼らをますます「ダメな子」にしてしまう。

そんな大人たちの態度に子どもは「自分のことを何もわかってない！」「何も知らないくせに！」と、反抗を続ける。すれ違いの日々が続くと関係はさらに悪化し、親や先生の子どもたちに対する「どうしたらいいのか」という想いは、心配や苛立ちや怒りなどの葛藤を経て、諦めへと変わっていく。そして、子どもたちは、その諦めの気持ちを敏感に感じとる。彼らは親や先生の「あきれる」気持ちが「諦め」に転じたのを繊細に読みとり、「見放された」と感じる。

誰かに諦められ、「見放された」と感じると、「自分は誰にも期待されていない」「自分なんか生きていても仕方がない」と思うようになる。親や先生に何か言われても、「どうせ、私に何の期待もしてないくせに」とさらに反抗的な態度をとり、「あんたたちには私の気持ちなんてわからない」「何も知らないくせにグチグチうるさい」という気持ちが強まって、ますますうまくいかなくなる。本当は「ちょっとやりすぎちゃったかな」「今の言いすぎだったかも」と心の中でしょんぼりした気持ちになったり、このままではダメだと自分でも思ったりするけれど、そこから自分一人の力で変わることは難しい。

当時の私は、「もしここで変わったとしても、自分が変わっただけではどうせ今の状況は変わらない」と思っていた。実際、子どもがそういう状況に陥ってしまうのには、少なからず周囲の大人たちのあり方が影響している。となると、大人たちが変わらなければ子どもも変われないはずなのだが、多くの大人は「ああしなさい、こうしなさい」と子どもにばかり変わることを求める。そういう大人たちの態度が、素直になったり自分を変えたりできるタイミングやチャンスが来ることを心のどこかで願っている子どもたちに、その隙を与えない。

そうすると、子どもたち自身も自分に諦めを感じるようになってくる。「ダメな子」と思われている世界の中で、自分や周りを変えるよりも「ダメな子」として生きるほうがラクになり、「ダメな子」を自ら演じるようになる。本当に「ダメな子」なんて、潜在的には存在しない。「一人ではどうすることもできない」という行き場のない想いと、自分に対する大人たちの諦めの気持ちに助長され、子どもの大人に理解できない言動はエスカレートしていき、彼らは社会から逸脱したものと見なされるようになる。

　そして、家庭や学校で居場所を失くし、他に頼れる人もいない〝難民高校生〟が生まれる。

〝難民高校生〟にはすぐなれる？

「ダメな子」には、誰でも、すぐになれる。親や先生がどう頑張っても、家族や学校の望む姿から外れ「ダメな子」と見なされてしまう子どもは出てくるはずだ。だから、「『ダメな子』がいない社会」というのはあり得ない。

　私は、家庭や学校に居場所がないと感じる子どもがいることや、高校生たちが「自分たちの世界」をつくること、そして親や先生がそれを理解することができずに子どもたちに諦めを感じたりしてしまうこと、それ自体を問題としているのではない。

　私が問題視しているのは、「ダメな子」とされた子どもたちが他に頼れるものをもたないまま〝難民〟となり、社会からの逸脱者として周囲の大人たちから冷ややかな目で見られ、世間に存在を認識すらされていない現状であり、その結果、彼らが希望や可能性をどんどん失い、その生活から抜け出せなくなっていくことなのだ。

第2章 希望を失う若者たち

危険と誘惑に溢れた街の中で

居場所を失くし〝難民高校生〟となった私が向かうようになったのが渋谷の街だった。家庭や学校に居場所のない高校生たちにとって、渋谷は最後の居場所だった。しかし、そんな高校生が一人で生きていこうとすると、たくさんの危険な誘惑に出会う。そして、彼らは大人の消費の対象となっていく。

ここからは、難民高校生活を送っていた私自身の体験と、当時渋谷で出会った若者たちのリアルを紹介したい。親や先生たちに「ダメな子」と見なされはじめてから私がこうした世界に入り込んでいくまでに、あまり時間はかからなかった。そしてこれから紹介するような話は、きっと今もどこかで起きている。

若さや体を売りにした仕事——生きるために働く

家にも学校にもいづらくなった私は誰にも頼ることができず、「一人で生きていくしかない」と思っていた。渋谷に行くにもどこかで買い食いをするにもお金は必要で、高校1年生になるとすぐにアルバイトをはじめた。バイトは校則で基本的には禁止されていたが、私の周りには学校に内緒でバイトをしている同級生がたくさんいた。

最初のアルバイト先はファーストフード店。以後、私はバイトを転々とし、コンビニやファミレスで働いたり、ティッシュ配りやスーパーでの試食販売員を掛け持ちでやったりした。年齢をごまかして派遣のバイトに登録したこともあった。当然ながら一人で生きているわけではなかったが、当時の私は自分のことは自分でしているというつもりでいきがっていた。

アルバイトをはじめて、自分で自由に使えるお金を月に何万円か手にすることができると、カラオケやネットカフェでオールしたり、自分でごはんを食べることができるようになったりし、数日間家に帰らなくてもなんとか生きていけるようになる。それと同時に、私はバイト先で遊び方を知っている先輩と知り合い、遊び方も派手になっていった。そして今度はバイトをしていたり親にお小遣いをたくさんもらっていたりしてお金をもっている友達と、お酒を買ってカラオケに持ち込んで飲んだり、タバコを吸ったりするようになり、あっという間に当たり前のように居酒屋に飲みに行くまでになった。当時まだ15、16歳。当時の写真を見ると明らかに未成年で、よくお酒を買ったり夜中まで遊んだりできたと思うが、私たちは年齢を偽った身分証をつくったり、生年月日が掲載された年上の友人の病院の診察券をもらったり盗んだりして、居酒屋の年齢確認をクリアした。居酒屋の店長やコンビニの店員と仲よくなった。そうやって自由に飲みに行ける店やお酒やタバコを買える店を、私たちはいくつも知っていた。

遊び方が派手になると、もっとお金が必要になる。だから、もっと割のよいバイトをしようと考えるようになる。女子高生ができる高時給のバイトは限られる。露出度の高い水着のような衣装を着て接客する居酒屋やコンパニオン、1時間で数千円稼ぐことのできる何に使われるのかよくわからない写真撮影会のモデルのバイトなど、ほとんどがその若さや体を売りにした仕事だ。私の周りにはそういうバイトをしている友達がたくさんいた。はじめは「他のバイトよりも稼げるし、楽しそうだから、ラクそうだから」という理由ではじめるが、慣れてくると、だんだん自分の若さや体を売りにするような仕事に抵抗がなくなり、もっと稼げる仕事をしたくなる。そんなとき、街を歩いているとキャバクラのキャッチのお兄さんに「キャバクラで働かない？　いいとこ紹介するよ」と声をかけられ、「やってもいいかな」と心が揺れる。そうして高校生のうちから年齢を偽ったり、知り合いに店を紹介してもらったりしてガールズバーやキャバクラで働いている友人も、十数人はいた。

私自身も、高校1年生の終わり頃からメイドカフェで働いていた。

そのきっかけも、キャバクラのキャッチに声をかけられたことだった。ある日、一人で街を歩いていると、「仕事探してない？」と声をかけられた。渋谷や新宿などの繁華街を歩いているとキャッチに声をかけられるのは日常茶飯事で、私はいつものように「まだ高校生なんで」と歩きながら断る。大抵のキャッチはそれで「高校生なの⁉　見えなーい！　19歳くらいかと思った」とか言いながらいなくなるのだが、この日のキャッチは違った。「高校生なんで」と断る私についてきて、「じゃあメイドカフェで働いてみない？」と誘った。当時、メイドがブームになりはじめていた頃で「他のバイトよりもラクそうだし、可愛いメイド服着られるし、やってもいいかな」と思った私は、そのままキャッチの案内で店に行き、強面《こわおもて》でいかつい店長らしき男性に紹介された。店長は私を気に入ってすぐに雇ってもらえることになり、そこから私のメイド生活がはじまった。

私の源氏名は「姫」。店ではみんなから「姫ちゃん」と呼ばれていた。店には、若いメイドと触れ合う機会を求めてくる男性たちが集まってきていた。面白半分で来る客もたまにいたが、そういう客には「ぼったくりだ」と言われるような高い料金設定の店だったため、客のほとんどはメイドに夢中の男性だった。メイドカフェは、客を「ご主人様」「お嬢様」と呼び、メイドに扮した女の子が主人に「ご奉仕する」というコンセプトの店である。「おかえりなさいませ、ご主人様」というメイドたちの声に「ただいま～♪」と嬉しそうにする男性たち。下心たっぷりの男性客も多く、店では「お触り禁止」にもかかわらず、女の子に触ろうとしたり、「今日の下着は何色？」と聞いてきたりする客もいた。

10代後半中心のメイド姿の女の子たちに甘え、デレデレしている男性客から、「自分にはここで過ごす時間以外に癒しがないんだ」とか「ここに来ることだけが生きがいなんだよ」という話を聞くと、なんだか哀しい気持ちになることがあった。男性に限らない。常連だった25歳の女性客から「昨日の夜、死のうと思ったんだけど、姫ちゃんと撮った写真を見たらもう一度姫ちゃんに会いたくて」と泣きながら話をされたこともある。メイドカフェ以外に話を聞いてくれる人がいない、と言っていた20代後半の女性客が「さっき死にたくなってリストカットしちゃった」とまだ血のにじみ出る手首の傷を見せてくれたこともあった。私は、こんなにもぎりぎりの状態で生きている大人がたくさんいるのか、と客を見ながら思った。

働いている女の子たちの抱える事情も複雑だった。単純にアニメやフリフリの服が好きで「メイド服を着たい！」という理由で働いている子もまれにはいたが、ほとんどの女の子が何らかの事情を抱えていた。

たとえば、私が仲のよかった「プリンちゃん」は16歳。中学校から学校に行っていなかったらしく、毎日朝から晩まで店に入っていた。プリンちゃんは父親が再婚し、再婚相手の家で暮らしていたが、父親が家に帰ってこなくなっていた。プリンちゃんと弟は引き取り先の継母からかなりひどい扱いをされているようで、体に殴られた痕をつけて出勤してくることもあった。疲れている様子でも欠かさず出勤してくる彼女に、私が「なんでそんなに働くの？」と聞くと、プリンちゃんは彼女の家の事情を明かし、「自分の稼いだお金で弟に食べさせたり、部屋の電球を買ったり、弟の小学校で必要な費用や生活費はすべて自分でまかなっている」と話してくれた。プリンちゃんには父親が違う姉がいたが、その姉も荒れていて、たまにプリンちゃんの家に来ては彼女が客からプレゼントされたブランド品を奪っていくらしかった。

「里親のばばあが、マジうぜーんだ。そいつの子どもとも今一緒に暮らしてるんだけど、自分の子どもにはメシつくるのに、うちらには何もしてくれないから弟がかわいそうで。弟のことはちゃんと中学まで行かせてあげたいし、生きるためには働くしかないの。早くお金貯めて、家を出れるようになりたいんだ」とプリンちゃんは言っていた。

「生きるため」にこうした仕事をしていた10代の女の子を私はたくさん知っている。

騙し合いの世界

そんなプリンちゃんが店に騙されていることを知ったのは、次の給料日だった。店では女の子が「ばっくれる」のを防ぐため、給料を手渡ししていた。その日、私とプリンちゃんは一緒に給料をもらいに店に行った。給料を受け取り、お茶でもしようかと歩きながら「給料いくら入った〜？」という話になった。週3日程度、1日数時間ずつ出勤していた私の給料は約7万円。それに対して、ほぼ毎日フルタイムで出勤していたプリンちゃんが受け取ったのは約9万円。時給は同額だったから、本当なら彼女の給料は私の倍以上あっていいはずだった。

「いつもそのくらいなの？」と驚いた私が彼女に聞くと、「だいたいこんなもんかな。先月は10万ちょい稼げたけど」という答え。彼女は九九ができず、自分の給料の計算もできないようで、金額をごまかされていることに気づいていなかったのだ。

このとき、私はその店で働いていることが急に怖くなった。一生懸命働かなければならない彼女の事情を知りながら、そんなことをする大人がいることに驚いた。ここは誰かが誰かをうまく利用するための騙し合いの世界なんだと思った。

「経営者も客もバイト仲間も、誰のことも信じてはいけない」と私は心に決めた。

プリンちゃんが受け取るはずだった給料をごまかしていたのは店長だった。そのことにはすぐに気づいたが、私は店長にさりげなく「プリンちゃんの給料があまりにも少ないような気がするんだけど、計算間違ってない？」と言うだけでそれ以上は何も言えなかった。店長はキレると怖い。前にバイトの女の子が辞めたいと言ったときにものすごい勢いで怒鳴ったり、興奮してガラスの灰皿を床に投げつけて割ったりしているのを見ていたし、誰かが無断で辞めると「あいつを許さない」と言って居場所を探しているのを知っていたので、簡単に逃げられないと思っていた。

私やメイド仲間たちは、そんな店長にいつもいい顔をしていた。店長に気に入られているほうが何かと便利だったからだ。店長になついているような振る舞いをしておくことで、遅刻や急な欠勤をしたときも「ごめーん！　ちょっと調子悪くて。迷惑かけちゃってごめんね」と親しげに謝れば、彼の機嫌次第でもあるのだが、あまり怒られなかったり罰金を軽くしてもらったりすることができたし、彼に気に入られれば仕事帰りにごはんをおごってもらえるのを知っていたからだ。

面倒なことや怖い思いをすることもあったけれど、それでもこの仕事は当時の私にとって都合のいいバイトだった。15歳で時給1200円～1500円程もらえるバイトは他になかったし、「もっと稼ぎたいならラストまで入ってよ」と言われて深夜12時とか2時くらいまで働くこともあった。当時、家族が起きている時間に家に帰るのは嫌だったので、夜中まで働けることは私にとって、お金も稼げて時間も潰せて、帰りは系列店のキャバクラの女の子と一緒に車で家まで送ってもらうこともできて、一石三鳥だった。だから私は、誰かと遊んだり飲みに行ったりする約束でもない限り、夜までこの店で働いた。

そういう働き方をしているうちに、店長や経営者からうまい言葉で口説かれて、「もっと稼げる仕事のほうがいい」と系列店のキャバクラや風俗に移動していく女の子たちもたくさんいた。私も「もうすぐ○○駅でピンサロはじめるんだけど、姫もそっちで働いてみる？　週イチぐらいからでいいよ」と言われたり、「キャバクラの体験入店をしてみないか」と誘われたりすることがあった。キャバクラで働いている友達がたくさんいた私は、「キャバならやってもいいかな」と思うこともあったが、そういう誘いに乗った流れで水商売をはじめて抜け出せなくなっている友人をたくさん知っていたし、店長は児童買春を斡旋し、捕まってムショから出所したばかりの執行猶予中だ、とも聞いていたので、「自分は絶対やばいことには巻き込まれないようにしよう。ただ利用されるだけでなく、うまくやろう」と思っていた。

優しい中年男性――援助交際

プリンちゃんと私は、ある一人の客と連絡をとっていた。店では一応、客とメイドとの連絡先の交換は禁止ということになっていたが、客たちはどうにかして私たちと連絡をとろうと必死だった。私たちも携帯を2台以上もったりサブアドレスをつくったりして、プライベート用とよく知らない男性との連絡用でそれらを使い分け、お金をもっていそうだったりごはんをおごってくれそうな客がいると連絡先を教えることがあった。

プリンちゃんと私が連絡をとっていたのは、毎日のキャバクラ通いを欠かさない「むうちゃん」と呼ばれていた客だ。50代後半か60代の、白髪で、メイドカフェに来る客の中ではかなり紳士的な態度の男性だった。毎日キャバクラに行く前に私たちの店に寄っていた彼は出会い系サイトにもはまっていて、一目でサクラからだとわかるようなメールを大事に保存して、「中学2年生の子から、写真付きでこんなメールが来たんだよ」と、嬉しそうに私たちに自慢していた。

私たちは仕事が休みの日にむうちゃんと一緒にごはんを食べに行ったり、スナックに行ったりしていた。他の客のように私たちをベタベタ触ってくるわけではない彼は、私たちにとって都合のよい、優しい中年男性だった。私は、ごはんを食べさせてくれるならいいやと思って付き合っていた。いつもキャバクラの女の子へのプレゼントを持っていたむうちゃんは、私たちにも「何でもほしいものがあったら言ってね」と言った。プリンちゃんはよく彼を買い物に連れて行き、ブランドバッグや洋服を買ってもらっていた。そして、いつの間にか彼女はむうちゃんの紹介で彼の行きつけのスナックで働きはじめた。プリンちゃんが「店に遊びに来て」と言うので、むうちゃんと2人で待ち合わせして何度か一緒にその店に遊びに行った。その帰り、いつもむうちゃんは私にタクシー代として1万円をくれた。私が「料金が払えなくて、携帯が止まりそう。そうしたら、連絡できなくなるかも」と言えば、彼はさらに数万円を渡してくれた。当時は「ラクしてお金がもらえればいーじゃん。これも仕事の一つ」と考えていたが、今から考えれば、それは「ヤラない援助交際」だった。

彼から受け取ったお金を本当にタクシー代として使ってしまうのはもったいないので、私は深夜、車を持っている知り合いの男を呼んで迎えに来てもらい、女友達の家まで送ってもらったり、そのまま朝まで遊んで過ごしていた。迎えに来てくれるのは、どこかでナンパしてきた男とか、女友達が連れてきた男とか、よく知らない男がほとんどだった。今考えれば、何をされてもおかしくないような危険なことばかりしていたのだが、この頃の私は、むうちゃんや寄ってくる男性たちをうまく利用しているつもりでいた。むうちゃんに対しては、「なんで女の子にこんなにも貢いでいるのだろう」といつも不思議に思っていたが、彼はそういうやり方で中学生からキャバクラ嬢までさまざまな女の子を買春していたようだ。「そろそろ僕に身売りしない？」と言われた日以来、私は彼と連絡をとることを止めた。半年後、彼は出会い系サイトにお金をつぎ込み、膨大な借金をつくって夜逃げしたらしい、という噂を聞いた。

いつ、何をされるかわからない――ストーカー被害

中学から女子校に通っていた私は、露出狂や痴漢に遭うことがよくあった。女子校のまわりには露出狂が本当によく出たし、毎朝超満員の電車に乗って学校に通っていると、月に一度は痴漢に遭っていた。「今日あそこの路地裏で露出狂が出たらしいよ」とか「電車で痴漢に遭って駅員につきだしていたら学校に遅刻した」という会話は私たちにとって日常で、たまに「バイクに乗った男に声をかけられて、スカートの中にいきなり手を入れられた」というような被害を受けた子がいると「それはさすがにやばい！」と騒ぎになっていた。

メイドカフェで働いたり、夜遅くまで外で過ごしたりするようになってから、私はストーカーに遭うことが増えた。週に何度も誰かに後をつけられ、それをどうやって

まくかを考えながら必死に逃げていた。

これまでの私の人生で一番怖かったのはこの出来事だ。

17歳の夏の日、バイトを終えて、まだ家に帰りたくなかった私は地元の友達と少し飲んで終電で帰った。深夜1時過ぎだっただろうか、最寄り駅から家までの帰り道、「月がきれいだなあ」なんて考えながら歩いている途中、いきなり後ろからものすごい力で目隠しされた。何が起こったのか理解するよりも先に、私は「うわー‼」と叫んでいた。すると男は私から手を放して走り、曲がり角の先に停めてあった車に乗って逃げ去った。私が襲われたのは住宅街の真ん中だったが、大声で叫んでも誰も助けに来てはくれなかった。一瞬の出来事で、動揺していてはっきり覚えているわけではないのだが、男はドラマに出てくる犯人のような全身黒ずくめの服装で、帽子を深くかぶってマスクをしていた。

私はサンダルのまま、家まで必死に走った。その間に怪我をしたのか、家に帰ると足から血が流れていた。痛みを感じる余裕もなく、私は部屋に入ってすぐに友人に電話して心を落ち着けようとした。電話越しに「とりあえず、足についた血を洗いなよ」と言われ、泣きながらシャワーを浴び、その日は朝方眠りにつくまで友人に電話を付き合ってもらった。本当なら警察に被害を届けるべきだったのだろうが、当時、私の周りには夜遊びをしていたりタバコをもっているのが見つかったりして警察に補導され、親や学校に連絡が行って面倒なことになっている友人がたくさんおり、私たちにとって、警察は「見たら逃げるもの」だった。このときはさすがに「警察に行ったほうがいいのかな」と思ったが、未成年の私が深夜に一人で外を歩いていたこと、お酒を飲んでいたこと、タバコを吸っていたことなどを注意されそうだと考えると面倒だったし、親に迷惑をかけたり学校に伝わり問題になったりしたら余計に面倒くさいと思い、大人には言えずにいた。

それからしばらく、私はその夜のことを思い出して震えが止まらなくなることが続いた。数カ月は外に出ることも怖くなり、外出して誰かとすれ違うときや後ろから誰かの足跡が聞こえるたびに「何かされるのではないか」と怯え、体が硬直した。それからは、遊びに行くときやその帰りは男友達に家まで迎えに来てもらったり、送ってもらったりするようにして、夜遅く一人で帰るときは駅からタクシーを使うことに決めた。

自分の身は自分で守るしかない

他にも危険な目に遭うことはたびたびあった。知らない人に付きまとわれたり痴漢されたりするだけではなく、知り合いの男に無理やりホテルに連れて行かれそうになったり、友達だと思っていた男の子に物陰に連れて行かれて体を触られたりしたこともある。「みんなで集まるから」と呼ばれて男友達の家に遊びに行くと誰もおらず、部屋のカギを閉められて襲われそうになったこともあった。知らない人に何かされるより、友人にそういうことをされるほうがショックなこともあったが、何かあったことを女友達に言って変な噂になったり、男をめぐって面倒なもめごとになったりするのが嫌だったので、私は「男なんてどうせそんなもんだろう」と笑い話にしていた。

こんなこともあった。

ある日、渋谷で知り合った女友達にカラオケに誘われた。合法ドラッグをやっていてラリっていることが多かった彼女は、毎日いろいろなところで万引きをしていて、飼い犬に使い捨てのコンタクトを食べさせたり、自分でもノートの切れ端の紙を食べたりしてしまうような、いかれた女の子だった。

私は何をするかわからない彼女のことが好きではなかったが、ヒマだったので一緒にカラオケに行った。カラオケルームに入ると、彼女はすぐに部屋を出て携帯で誰かと電話をし、戻ってくると「10分くらいしたら友達が2、3人合流するから」と言った。少しすると、「うぃーす」と、彼女の友達らしき大学生のサエない男3人が部屋に入ってきた。私はその男たちのノリに引き、やっぱり帰ろうと席を立とうとすると、彼女は「いいからいいから」と私を無理やりドアから離れた奥の席に座らせた。
それと同時に、なぜか男たちが私の両隣と斜め前に座り、うっとうしく話しかけてくる。うざったいなと思っていると、女友達が「ちょっとトイレ」と言って部屋を出る。それが合図だったのか、彼女がいなくなると男たちが私の体を触ろうとしてきた。「なにしてんの?」と言うと、「いいじゃん♪　触らせてよ」と言って顔を近づけてくる。その瞬間私はキレて立ち上がり、部屋を出た。後から聞いた話では、その女は「すぐヤレる女がいるよ」と男たちから紹介料を取り、彼らを連れてきたらしい。

渋谷でできた人間関係の中では、そんなことがいくらでもあった。あの男とヤッたとかヤラないとかいう友人同士のいざこざに巻き込まれてフォークで刺されそうになったり、ホストともめて暴力沙汰になったりしたこともあった。そんなことを繰り返しているうちに私はさらに人間不信になっていった。よく遊ぶ友達はたくさんいたし、信用できる友達も数人いた。しかし、誰をどこまで信用していいのかわからなくなった私は、裏切られることへの恐怖から、「誰のことも信じない」と自分に言い聞かせていた。

電車で痴漢をされても、誰も助けてくれない。露出狂やストーカーに遭っても、自分でどうにかするしかない。大人は頼りにならない。自分の身は自分で守らなければならない。だけど、男に力では勝てない。男友達もどこまで信用していいのかわからないし、女友達にもいつ騙されるかわからない。私は、自分は「一人ぼっち」だと思うようになった。どんなに仲のよい友達も結局は他人。いつかいなくなるのなら近づかないでほしいと思い、誰も信用せずに一人でいることを選んだ。心の底では誰かにわかってほしかったけど、自分のつっぱった態度が周りとの関係を悪化させていることもわかっていたから、余計に寂しかった。

そんなとき、マンションのエレベーターで知らないおばあさんから「今日は寒いねえ。あなたも風邪をひかないようにね」と話しかけられただけで人の温かさを感じ、なぜか涙を流すこともあった。

私の難民高校生活

泣ける場所

そんな私にも、心から信頼できる友人がいた。高校1年生の夏、渋谷で仲よくなった「ゆか」だ。彼女は私立の共学高校に通っていたはずだが、いつも露出度の高いお姉系のファッションで渋谷に来ていて、制服を着ていることはあまりなかった。

彼女とははじめて会ったときから気が合って、しょっちゅう一緒にいるようになった。みんなから「ヤンキー」と呼ばれていた彼女は気が強く、さばさばしていた。本当は弱い部分もたくさんもっていたけれど、何かあるといつも私を守ってくれた。当時、私は自分とゆかをマンガ『NANA』のナナとハチみたいな関係だと思っていた。

私たちはよく、渋谷を「庭」にしている男子高生たちと遊んでいた。「女は穴さえあればいい」と言い、彼女を何人もつくっていた彼らは「最低」な男たちだったが、私は彼らが嫌いではなかった。きっと女の子を弄ぶこと以外に楽しみがないんだろうとか、何人もの女の子をその気にさせて好意を寄せられることを自分の価値として、彼女たちに必要とされていると感じることで自分を保っているのだろうとか、勝手に想像していた。彼らはいつも「これで何人目」と関係をもった女の子の数を自慢し合っていたし、「あの女とヤレたら1万円」「この前の合コンで知り合った女を誰が一番早く落とせるか」と賭けたり、学園祭では「誰が一番多く女の子のアドレスをゲットできるか」というゲームをしたりしていて、私はそれを見ているのが面白かった。「恋愛はゲーム」「ヤリ捨てが当たり前」の世界。それを見ていた私は、「男なんてどうせヤリたいだけ。近寄ってくる男は全部ヤリモク（ヤリ目的）。信用できる奴なんていないから誰とも付き合わないし、誰ともしない」と思っていた。

私とゆかは2人で遊ぶことも多かったけれど、カラオケに行ったりマックで語ったりするのに飽きると、ナンパされたりして知り合った男を呼んで居酒屋に行き、ごはんをおごってもらったり、終電がないからと車をもっている大学生や社会人の男を呼んで「足」にしていた。ゆかの家庭も結構複雑で、家に帰りたくなかったというか、帰る場所がなかった私たちは、よくどこかの男の家に泊めてもらっていた。ゆかは泊めてくれた男と寝ることがよくあった。本当にその男が好きになったからなのか、求められたからしただけなのか、酔っぱらってどうでもよくなったのかはわからないけど、私には「簡単に誰かとヤっちゃだめだよ」と言うくせに、自分はいろんな男と寝ていた。私の分までゆかが宿泊代を体で払ってくれているような気がして申し訳ない気持ちになることもあったが、彼女は「好きでヤってるんだからいーの。あいつ結構うまかったし」と言って笑っていた。

ゆかは口が悪く、腹を立てるたびに「あいつ死ねばいいのに」とか「ハゲ散らかす（激しくストレスを感じるという意味で使っていた）」とか「あいつはキチガイだ」と言っていた。私たちの周りはむかつくことで溢れていたから、私たちの口癖は「死ねばいいのに」「ハゲ散らかす」「まじキチガイ」になった。私はゆかといる時間が一番楽しかった。一緒にバカなことをしている間は嫌なことは忘れられたし、寂しくもなかった。

私は誰に対しても強がりで、自分が傷ついたり悲しんだりしている姿を見せることはなかったが、ゆかの前では本当によく泣いた。泣いているときは自分のことが自分でもわからなくなって、なぜ涙が出るのかもわからなかった。彼女の前だと感情が抑えられず、泣き出すと止まらなくなることがあった。「どうしたの？」と聞かれても

「もうやだー」と泣きじゃくり、「何が？」と聞かれても「全部」と答え、最後にはいつも「居場所がない」とか「死にたい」と言って泣いていた。そんな私にゆかはいつも「はー？　あんたにはあたしがいるじゃん！　ゆめのの居場所はここにあるでしょ？」とか「お前が死んだらあたしが悲しいから死ぬな」と言ってくれていた。ゆかにそう言ってもらうと落ち着いたし、「もうちょっと生きてみてもいいかな」と思えた。ゆかだけが自分の存在を認めてくれている気がした。

生きてるだけでエラい！

ゆかは強くて、私の前で泣くことはほとんどなかった。彼氏とラブラブだったから、彼氏に十分甘えることができていたのかもしれないし、私がいつでもゆかに甘えられるように私には弱みを見せないようにしてくれていたのかもしれない。彼女はあまり弱みを見せなかったけど、私と同じようによく「寂しい」とか「居場所がない」とか「死にたい」とか「眠れない」とか言っており、落ち着かないといつもタバコを吸っていた。彼女は機嫌がいいときと悪いときの差が激しく、むしゃくしゃしているときにはどこかのトイレの個室に入り、私は彼女が制服のままタバコを吸うのに付き合っていた。

学校に行きたくない気分のとき、私はよくゆかに電話をした。「今日学校?」と聞くと、「ううんー、まだ行ってないよ」と答えるゆか。2人ともしょっちゅう学校に遅刻したり無断欠席をしたりしていた。遅刻して行く途中、「先生に何か言われるかな」とか「また友達に気を遣われるかな」とか「途中から教室に入ると気まずいんだよな」と考えはじめると気が重くなり、結局「学校なんてだるいから遊ぼう」ということになって、2人で昼間から遊ぶことがよくあった。ゆかに朝電話をすると、「今日は親に無理やり学校に連行された」と言うときもあったし、私も自分なりに頑張って学校に行っているつもりだったが、やっぱり学校にいたくなくて勝手に早退することもあった。親に朝からガミガミ言われるのが面倒で、学校に行くふりをして制服を着て家を出てからそのまま遊びに行くこともあったし、遠足をさぼってゆかと江の島に遊びに行ったこともあった。私たちは海が好きで、砂浜を走ったり、海に向かって「ふざけんじゃねー」とか「バカやろー」と叫んだり、大声で流行りの歌を歌ったりしてストレスを発散していた。嫌なことがあった日には渋谷で遊び、飲みに行っても気分が晴れないときには男に迎えに来てもらい、そのまま夜の江の島に行ったこともあった。

ゆかと私はいつも「悪いこと」をしていた気がする。

学校をさぼったり、誰かを騙したり、何かを盗んだり、タバコを吸ったり、お酒を飲んだり、そういえばゆかはよく万引きやキセルをしていたし、年をごまかしてキャバクラのバイトもしていた。悪さもたくさん一緒にしたけれど、2人の友情はそんなに薄っぺらいものではなくて、私たちはお互いの気持ちを本当によく理解していたと思う。自分の存在を認めてくれる人のいない世界の中で、私たちは「うちらは、生きてるだけでエラい」とよく言っていた。こんなに辛いことばかり起きる世の中で死なずに生きていることは本当にエラいことだと思っていたし、そう言うことでお互いを認め合っていた。

私たちは「もはやこんな状況で息をしてるだけでもエラいよね」と笑いながら、「生きてるだけでエラい。だいぶ頑張ってる」とお互いを励まし続けた。

当時、私たちがカラオケや誰かが運転する車の中や、江の島の海でいつも歌っていた浜崎あゆみの「Ａ Ｓｏｎｇ ｆｏｒ ＸＸ」という曲がある。この歌詞は当時の私たちの気持ちそのものだった。

どうして泣いているの　どうして迷ってるの

どうして立ち止まるの　ねえ教えて

いつから大人になる　いつまで子供でいいの
どこから走ってきて　ねえどこまで走るの
居場所がなかった　見つからなかった　未来には期待出来るのか分からずに

いつも強い子だねって言われ続けてた
泣かないで偉いねって褒められたりしていたよ
そんな言葉ひとつも望んでなかった　だから解らないフリをしていた

どうして笑ってるの　どうしてそばにいるの
どうして離れてくの　ねえ教えて
いつから強くなった　いつから弱さ感じた
いつまで待っていれば　解り合える日が来る
もう陽が昇るね　そろそろ行かなきゃ　いつまでも同じ所には　いられない
人を信じる事って　いつか裏切られ　はねつけられる事と同じと思っていたよ
あの頃そんな力どこにもなかった　きっと　色んなこと知り過ぎてた

いつも強い子だねって言われ続けてた
泣かないで偉いねって褒められたりしていたよ
そんな風に周りが言えば言う程に　笑うことさえ苦痛になってた

一人きりで生まれて　一人きりで生きて行く
きっとそんな毎日が　当り前と思ってた

連れて行かれたカウンセリング

ゆかと過ごすようになった頃、家庭でもいろいろなことが重なり、家族関係が悪化し、私はますます学校に行かなくなり、家にも帰らなくなった。そんな私を親は心配していたが、家族の精神状態も不安定で、母は鬱病という診断を受けていた。私は母が鬱になったのは自分のせいかもしれないという気持ちもあって、母に反抗的な態度をとってしまったり、両親の望むようにしっかり学校に行けなかったりする自分を申し訳なく思うこともあったが、当時は家族の誰かが口を開けば言い合いになることがほとんどで、私は家族のことが大嫌いだったし、「生まれてこなければよかった」と親を恨んでいた。

学校に行かず、家にも帰らず反抗ばかりしていた私に、母は「あなたは精神的にどうかしてるのよ」と言って、自分が通っていたカウンセラーのところへ連れて行きたがった。母はそのカウンセラーを絶対的に信頼していて、よく私に「先生はあなたのことを病気だと言っていた」とか「私の頭がおかしいんじゃなくて、あなたがおかしいのよ」と怒ったり泣いたりしながら言い、私はそんな母に恐怖を感じていた。数日ぶりに家に帰ると、珍しく家にいた父から「お前はこの家に住む資格はない。この家に住むなら家賃を払え」と言われて部屋から力ずくで引っ張り出されたことや、いないうちに私のベッドや服が捨てられて部屋が空っぽになっていたこともあった。

私の家で起きていたことは、本当にひどかった。ここには書きたくないようなことや書けないようなこと、思い出したくも言葉にしたくもないようなことがたくさん起きていた。「人は本当に嫌な記憶は自己防衛のために忘れてしまうことがある」という話をどこかで聞いたことがあるが、私も当時家で何が起こっていたのか、忘れてしまっていることも多い。覚えているのは、ただ本当に家で過ごす時間が苦痛で、「自分が死ぬか家族を殺すかしか生きる道はないのではないか」と本気で思ったこともあるくらい、どうしようもない状態に陥っていた、ということだ。

どんなに渋谷で楽しい時間を過ごしても、一瞬でも家に帰ればそんな状況の中にいた私はいつも、言葉にできないような胸の痛みを感じていた。寂しいからなのか、辛いからなのかはわからないが、実際に24時間、締め付けられるような胸の痛みを感じていて、私はよく「心臓が痛い」と友人たちに言っていた。その胸の痛みは、誰かに優しい言葉をかけてもらっても抱きしめてもらっても、治ることはなかった。

そんな私は「一人で生きていこう」と強がる一方で、常に誰かとつながっていないと不安になり、携帯電話が手放せなくなっていた。家にいるときも、電車に乗っているときも、学校で授業を受けているときも、先生にばれないようにイヤホンマイクをし、友達と電話をつなぎっぱなしにしていた。何を話すわけでもなかったが、ただ電話をつなげているだけで誰かとつながっていることを感じられ、落ち着くことができた。

ある日、私をカウンセリングに連れて行きたいと思った母は私の携帯を奪い、「返してほしかったら一緒についてくるように」と言った。母は、カウンセラーから「一度娘さんを連れてきなさい」と言われていたようで、なんとか私を連れて行こうと作戦を考えたのだろう。私もそんな母との言い合いに疲れていたので、「隙を狙って携帯を取り戻して、そのまま今日は渋谷に行ってしまおう」と考え、とりあえず母についていて行った。

はじめて行ったカウンセリング。暖色系でまとめられた待合室には癒し系の音楽が流れており、そのあたたかな演出が、当時の私には吐き気がするほど気持ち悪かった。院内のスタッフの優しそうな笑顔も妙に気に障った。携帯を取り返す隙を見つけられないまま、私がカウンセリングを受ける番になった。母に連れられてカウンセリング室に入ると、いつも家で見せているのとはまったく違う、安心し切った母の横顔が怖かった。母は「私もこの子が何を考えているのかわからないので、今日はよろしくお願いします」と言い、カウンセラーの指示に従って部屋を出て行った。

部屋の中はカウンセラーと私の2人きりになった。最初に何と話しかけられたかは覚えていないが、彼女は「あなたのことを知りたいな」という態度でいろいろと語りかけてきた。私にとってそのカウンセラーは母が絶対的に信頼する存在であり、無理やり連れてこられた場所で「秘密は守るからあなたのことを教えて」なんて言われても信じられるわけがなく、「ナメられている」と思った。

私が「あなたとお話しすることなんてありません」と言っても彼女は諦めず、なんとか私の心を開かせようと他愛もない話をしはじめて、私は腹が立った。私は質問に答えず、「これ、何分までやらなきゃいけないの？　私ここにいたくないんだけど」と言うと、母の予約したカウンセリングは30分だと教えられた。そんなに長い時間この人の質問を受けなきゃいけないのか、と思った私は、「あーだる。死にてー」とつぶやいた。すると、カウンセラーは「死にてー」という一言に反応し、穏やかな口調で説教してきた。

「あなたが死んだら悲しむ人がいっぱいいるのよ。あなたのお母さんも、あなたのことを心配してここに連れてきてくれたの。あなたがここに生きていることは素晴らしいことなのよ。あなたのお父さんとお母さんが何億人もの人がいる中で出会い、お父さんのたくさんの精子の中から1匹がお母さんの卵子と結びついて、奇跡的な確率であなたはここに生まれたのよ。それにあなたは五体満足で生まれて、何の不自由もなく生活できているのに、そんなことを言ったら障がいのある人に失礼だと思う。外国には貧しくてごはんが食べられなかったり、学校に行きたくても行けなかったりする子どもがたくさんいるし、今も1分に何人もの子が餓死していて、生きたくても生きられない人がたくさんいるの。あなたは幸せ者なのよ」

私はこの言葉を聞いて、頭の血管が切れそうなほど腹が立った。

「この人は本当に何もわかっていない。誰かと比べる幸せなんて幸せじゃないし、今の発言は障がい者や貧しい国の子どもたちのこともバカにしている」

そう思った私は、こういう人がカウンセラーとして働いていることにも絶望した。

私は「あんたと話をする気はないから帰してくれ」と言って席を立った。すると、助手のスタッフに止められ、「最後に一つだけ検査をさせてください」と言われて、自律神経の検査を受けるところに連れて行かれた。検査をすると問題はなかったようで「異常はなかったから大丈夫」と言われた。私はいらいらしながら母から携帯を奪い取り、そのまま渋谷へ向かった。あんなカウンセラーのことを母は信じているのかと思うと、どうしようもなく悲しい気持ちになった。

翌日、家に帰ると母から1枚の封筒を渡され、「これを出せば学校に出席日数を考慮してもらえるから」と、それを学校に提出するように言われた。何も書いていない茶封筒。怪しいと思った私はとりあえずその封筒を受け取り、翌日は学校に行くふりをして、そのまま渋谷に向かった。渋谷ではゆかが待っていて、車の免許を取ったばかりの共通の友人の運転ではじめてのドライブに行こうと誘われ、私はその男子高生の車に乗り込んだ。

車内で私は「昨日、お母さんに怪しい封筒渡されたんだけど、なんだと思う？　学校に出せって言うんだよね」と、ゆかに封筒を見せた。中を見てみようということになり、封筒を開けると、カウンセリングの先生が書いた診断書が入っていた。詳しくは覚えていないが、「軽度の鬱」というようなことが書いてあった。

私がその先生と話したのは前に書いた三言だけだ。たしかに反抗的な態度をとったし、「死にたい」とも言ったけれど、たったそれだけで「軽度の鬱」と診断されてしまうことに驚いたし、傷つきもした。

ゆかや友人たちは、

「まじウケるんだけど‼ 鬱だって〜！ まあ、うちら全員、頭いかれてるもんね」

「死にたいと思うのって、普通じゃないのかな？」

「うちら病院行ったらみんな鬱って診断されるんじゃね？ みんなで行ってみる？」

と笑い合った。

「こんなもんいらねーよ。知らない奴に病気とか言われても関係ねーし」

ゆかはそう言って診断書をビリビリに破いて車の窓から捨てた。その後、何かあるたびに友人たちは私のことを「こいつは鬱だから（笑）」と言って、その話をネタにして笑っていた。

数日後、家に帰ると診断書を学校に提出しなかったことがばれて怒られた。「うるせーな」と怒鳴って部屋にこもると、母が何かの薬をもって部屋に来た。母は私が手にしていた携帯を取り上げ、「返してほしかったらこれを飲みなさい」と薬を2錠差し出した。私は母にかまうのが面倒だったし携帯も返してほしかったのでそれを飲んだ。そのときは何の薬かなんて気にもしていなかったが、正体不明の薬を飲んだ私はその後、大変なことになった。

しばらくすると、私は急にすべてのことがおかしく思えてきて、笑いが止まらなくなった。同時に、すべてを終わりにしてしまいたい、という気持ちが出てきて涙も止まらなくなり、ハイになったりローになったり、めちゃくちゃな状態になった。自分でも何が起きているのか、どうしたらいいのかわからなくなっていた私は、気づくと近所の公園のベンチでゆかと電話していた。

記憶は曖昧なのだが、私は自分の状態に恐怖と危険を感じて裸足で家を飛び出し、ゆかと電話をしながら近所の公園まで行ったようだ。ゆかが電話に出たときには、私はマンションの階段にいて、笑いながら「変な薬飲めって言われて飲んじゃった。やばいよー、頭がぐるぐるするー、ウケるー、死ぬー、アハハハッアハハハ。死ぬー、死んでもいーや。バイバイだねえ」などと言い続けていたらしい。

ゆかが私に「何があったのか」と聞いても「わからない。へんなの飲んじゃった」としか答えることができず、その後、突然「ふあふあちゃん、こんにちは」と言い出したという。

このとき、私は「ふあふあちゃん」という幻覚を見ていた。ふあふあちゃんは、白いもくもくの雲に目と口が付いている可愛い生きもので、普段から「空や雲になれたらいいのに」と言っていた私の「空に行きたい」という願いを叶えてくれると言ってきた。私が、ふあふあちゃんに「ついていく」と答えると、雲の形で白く可愛い顔をしていたふあふあちゃんは一転、恐ろしい顔をした灰色の雲になった。そしてふあふあちゃんは「あなたはもうこの世界には戻ってくることができない」と言い、私を無理やり連れて行こうとした。そのとき、私はマンションの階段から飛び降りようとしていたらしい。それに気づいたゆかが「ふあふあちゃんなんていない！ 消えろ！」と電話越しに叫ぶと、私の目の前からふあふあちゃんは消えた。

その日はもうふらふらで、その後どうしたのかは覚えていない。

数日後、私が久しぶりに学校に行くと、ある先生から「久しぶりねー。心配してたのよ。病気のこともあると思うから、無理しないで、何かあったらいつでも言ってね」と声をかけられた。「病気？」私は母があの診断書を学校に出したのだと察した。

その効果があってか、それまで私を扱いにくそうにいつもガミガミ言ってきていた先生たちが急に優しくなった。それから私は学校に遅刻をしても怒られなくなり、授業に出ているとそれだけでほめられるようになった。私は、今度はみんなと違って特別扱いされていることに傷ついた。学校の友人たちからも「先生はゆめのには甘いよね」と言われるくらい、私に優しくしてくれる先生がたくさんいて、そのことが気持ち悪かった。両親はなんとか私を学校に行かせようとしていたのだと思うし、先生も私のことを心配し、気にかけてくれていたのだろうと思う。そのことはわかっていたけれど、もう後戻りできないような状況だった。何事もなかったかのように学校生活に戻るなんて、私には無理だった。

それでも、ゆかや周りの友人たちは「学校は辞めちゃだめだよ」「何があっても学校だけは辞めないようにしよう。じゃないと将来生きていけなくなる」と私に言ってくれていた。渋谷でたくさんの女の子をたぶらかし、傷つけていた年上の男子高生たちも根は優しく、私が留年しないようにと勉強を教えてくれたり、「ちゃんと学校に行くように」と毎日、朝・昼・放課後・夜と何度も電話をくれて背中を押したり叱ったりしてくれた。騙し合いの世界の中で、私たちはゆがんだ愛情をもっていた。その愛情はいびつな形をしていたけれど、私にとってはすごく温かく、涙が出るほど嬉しいものだった。私はみんなに励まされ、補講に通ってなんとか高校2年生に進級することができた。

進級はできたものの、だからといって状況が何か変わるわけではない。家族との関係も最悪なまま、学校にも行きたくない日々が続いた。「学校に行きたくない」という気持ちからなのか、私はよく通学中の電車の中で倒れた。電車に乗っていると急にお腹が痛くなったり気持ち悪くなったりして、あっという間に目の前が真っ白になって倒れてしまうことが週に何度もあった。気づくと駅の事務室に運ばれて寝かせられていることもあったが、そうなると保護者に迎えに来てもらうように駅員にすすめられるので、それが嫌だった私は倒れる直前に駅のトイレに駆け込んで吐いたり、トイレの中で落ち着くまで1時間ほど過ごしてなんとかやり過ごしていた。そういうときは学校に行くのをやめて、自力で家に帰ったり、適当に男友達の家に行って寝かせてもらったりしていた。手を出されそうになることもあったけど、家に帰るよりはましだったから、そんな危険は私にとって、なんともないことだった。

私の体が弱かった大きな原因の一つに、当時「お菓子を主食としていた」ことがある。私はストレスからいつも甘いものばかり食べていた。アイス食べ放題のカラオケでソフトクリームを何個も食べることが日課だったし、ポテトチップスを1日6袋食べたこともある。自分はもともと太らない体質なのだと思っていたが、今思えば栄養不足で痩せていたのかもしれない。

朝ごはんはアイスかケーキか菓子パン、昼ごはんも同じで他に食べるとしてもポテチかインスタントのスープ春雨かサラダ。夕ごはんも似たようなメニューにアルコールが加わるだけだった。私は幼い頃から体が弱かったのだが、そんな生活をしていると、ますます弱くなった。毎日体調は最悪で、朝起きれば気持ちが悪く、頭も胸も痛い。昼夜逆転の生活をしながら人ごみの渋谷で遊び続けていた私はあらゆる風邪にかかった。インフルエンザと肺炎に同時にかかって入院したり、腸の病気になったり、月経が半年間止まったこともある。いつからか朝ごはんはタバコだけでよくなったし、昼には甘いものを少し食べて、夜は飲みに行くという生活になった。こういう不摂生が影響して私の体はますます弱くなり、大学生になってからもいろいろな病気にかかって、たくさんの人に迷惑をかけることとなり、そうなってからやっとこの頃の生活を後悔したのだが、当時はこういう生活をする以外に自分を保つ方法がなかった。

私は心も体もぼろぼろで、学校どころではなかった。どうしてこんな状況の中、無理をしてただ辛いだけの学校に行かなければならないのかがわからなかったし、こんな自分が高校を卒業しても何にもならないだろうと思い、高校を辞めることを真剣に考えるようになった。「学校を辞めたい」と言いはじめた高校1年生の頃は、そうは言っても学校を辞めたらその後どうすればいいのかわからないと考えていたが、この頃になるともう将来のことなどどうでもよくなっていた。いつ死んでもいいと思っていたし、生きていくなら水商売をしたり体を売ったりしてやっていけばいいや、と思っていた。

このときの私にとって、将来なんて不安の対象ではなかった。とにかく今の状況から抜け出したいという気持ちでいっぱいで、それさえできればどうなってもいいと思っていた。家族は簡単にはやめられないので、まずは学校を辞めようと思った。学校を辞めたらバイトをして、お金を貯めて、一刻も早く一人暮らしをしたい。ただそれだけを考えていた。

「学校を辞めたい」と言い続ける私に、両親も先生も反対した。言い合いの日々が続き、私は毎日、死にたいと願った。

「死ぬ前に連絡」の約束

私の周りには、リストカットやＯＤ（オーバードーズ：辛さを和らげるために睡眠薬や精神薬などを過剰摂取すること）をする友人がいた。自傷行為は死ぬためではなく生きのびるための行為であり、私はそんな友人たちを見て「そんなことをしても死ねない」と思っていたから、自分の体を痛めつけることはしなかったが、自宅のマンションから飛び降りようかとか電車のホームから飛び降りようかと考えることは多かった。「マンションから飛び降り自殺をして親に後悔させてやろう」と考えても、いざ飛び降りようとすると「そんなことをしたら家族が悲しむかもしれない」という気持ちが出てきてできなかったり、駅のホームで「今ここで飛び降りたら死ねる」と思いながら、何本も電車を見送ったこともある。テレビで練炭を使った集団自殺のニュースを見るとネットで調べ、本気で死ぬことを考えていた。

これはあとからゆかに電話で聞いた話なのだが、私は16歳のとき、深夜の渋谷で「今日こそ死ぬんだ」と言って、屋上から飛び降りるために忍び込めるビルを探し回っていたことがあるらしい。その日は結局屋上に上がれる建物が見つからず、絶望した私は朝方の渋谷で「死にたいのに死ねない」と泣きわめいていたそうだ。

「あのとき、まじで大変だったんだから！　死のうとするゆめのを必死になだめて、ほんと頑張ったんだから！」

ゆかにとってはすごく大変な事件だったようだが、私にはまったく記憶がない。

そんな私はゆかと「死ぬ前に連絡」という約束をしていた。

「ゆめのが一人で死んじゃったら悲しいじゃん。どうせ死ぬならゆかに会ってからにしてよ」とゆかが言い、私たちはこの約束をしていた。だから、私は何かあったときや死にたくなったときは必ずゆかに電話していた。親に携帯を取り上げられることもあったので、そういうときのために私は財布や手帳、定期入れや机の引き出しの中など、いろいろなところに小銭と一緒にゆかや他に助けてくれそうな友達の連絡先を書いたメモを隠し持っていた。何かあるとそのメモと小銭を持って公衆電話まで行き、泣きながら電話をしたり、助けを呼んだりしていた。

当時の私は「大人になっても今の大変な状況や、今の気持ちを忘れないように」と、毎日ブログやノートに日記を書いていた。その中には、誰にも言うことができなかった当時の想いが綴ってあった。ノートには、ぐちゃぐちゃな字でこんなことが書かれていた。

今日も日付もしらぬまま生きている
すべては彼らの言いなりに
どれいとして生きる
いつまでたっても変わらない毎日
夢乃の元気はもうないよ
生きててもバカにされるだけ

することを全てを
きせいされ
何もかもうばわれた
けれど
まだうばわれてないものがある
友だち
信じれるものがあってよかった
いままで何ひとつなかったわたしに
今ひとつだけあるよ

全てをおわらせたいと思うたびに
みんなの笑顔やみんなとのじかんを
思い出すよ
大人は信じられない
信じてた何人かの大人も
けっきょくはそうだった

権力
金
つくられた虚像の世界
空虚
ただそれは現実で
変えるのはとても難しい
汚い
汚い
あなたたちはどうして私をうんだの？
あなたの子供のはずなのに
どうしてどれいにさせるの
うそをつくし
力ってなに？
けんりょく？　なに
夢乃はまだ生きる

みんなのくれた言葉にたよってしまうんだけど
いいよね？　2006／6／6　25：25

頭がいたい　手がふるえる

夢乃何かしたっけ？
したよね。ごめんなさい。
家でねさせてもらったし学費もしはらってもらってた
家をだされてどっかに送られそうになったの　うけるよね
ひがいしゃぶるなっていう人もいたけど　なにされてるのかしらないでしょ
じぶんがされたらどうするの
全てをうばわれたら
そんなのしらないよね　関係ないよね　寂しい人だよね
わかってほしいなんて思わないよ
まだうばわれてないものがあるよね
友達

うばえないはずだよね
逃げられない
逃げ場がない
ただ夢乃は1人ぢゃない
そう信じてる

このようなことが何度もノートに書かれていた。
当時の持ち物の中から、このノートと一緒に「元気が出るノート」というものも出てきた。そのノートには友人たちが私にかけてくれた言葉を忘れないように書き留められていて、1ページ目には、こう書かれていた。

そう言ってくれた人が、今側にいなくても
その時あたしにこんな言葉をくれた事、
それは事実

友人たちは、「病んで」いた私にいろいろな言葉をかけてくれていた。

辛いこと、苦しいことは良いことだ。のり越えるんだ。
どうしてもだめなときは俺らが元気出すことは出来るから。
自分が変わらなきゃ、やらなきゃダメなの。一緒に頑張ろう。

これは、私と同じように家庭が荒れたり、居場所がないと感じたりしていた友人がくれた言葉だ。当時、まだ17歳だった彼がどんな気持ちでこの言葉を言ってくれていたのだろうと考えると胸が痛む。

ゆかも、私の日記の片隅にいつの間にか勝手に書き込みをして、不器用ながら一生懸命に私への想いを言葉にしてくれていた。

夢乃©
気ちがいだけど、ずっと一緒だNe
気ちがいだからカな?!
夏は夢乃と色々したい事が有るカラ
死にたくなったらなんとか生きのびてください♡

ゆかも、裕也とかも、沢山②いるから平気です☆☆
んとね・・・メイドでTOP2とろおYO‼
だカラあ♡LOVE②ですよ。
とにかく、死なれたら友達少ないあたしが困るだろ‼
分る⁇　きげんが悪い時とか　あんまかまってあげられないのとカ有るけどさあ
↓↓
そのへんなんとかたのむよ‼
裕也とうまくいかないときも、沢山力になってくれてありがとう♡
一杯②ありがとう♡
大好きなんだから頭オカシクなるなよ‼　分かった⁈
悪いコトもたあっくさんしよう♡
えっ⁈　してるとか言うなし↓↓
うまく言えないいんだけどさぁ
仲良し&似てる者同士よろしくって事でね☆☆
まあさ、長いつきあいですから‼
おたがい死なないで元気に60才までは行きましょうYO☆

早く②20才になって
もっと②美しいうちらもカワイイうちらも
皆様みせびらかしましょお☆☆
好きよ　　やんきー&愛&ゆかより

いつも私を守ってくれていたゆかは、周りから「ヤンキー」と呼ばれるくらい口が悪く、態度がでかかった。みんなにはツンツンしていたけれど、本当はすごく優しい子で、「あたし、将来心理べんきょーする！　そんで、ゆめの頭おかしいの治してやる！　で、将来、今のうちらみたいな子のことをなんとかできる大人になる！」そう言っていた。

じいじからの手紙

私には、子どもの頃から大好きで唯一信頼できる大人がいた。それが祖父だ。私は近所に住んでいた祖父のことが大好きで、いつも「じいじ、じいじ」と言って慕っていた。子どもの頃からいろいろなところに連れて行ってもらい、小学生の頃は放課後毎日のようにじいじの家に行ってたくさん遊んでもらったし、私が体調を崩せばゼリーやジュースをいっぱい買ってお見舞いに来てくれ、たくさん可愛がってもらった。

高校生になって荒れていた私は、じいじだけはがっかりさせたくなかった。じいじだけには見捨てられたくなかった。だから私は、家族とうまくいかなくなって、学校にも行かなくなりはじめた頃から、じいじに顔を見せなくなった。荒れている自分の姿をじいじにだけは見せたくなかったし、じいじに悲しい顔をされるのが怖かった。

それでもじいじはたまに私の顔を見に家まで来てくれた。私や家族の様子に心を痛め、たくさん悩み、たくさんの言葉を飲み込んで私たちを見守ってくれていたのだろう。私はそんなじいじに合わせる顔がなかったし、じいじの顔を見たらいろいろな感情が溢れて涙が出てしまいそうだったから、じいじのことを遠ざけた。

そんな私にじいじは、何通かの手紙をくれた。その手紙には、「夢はじいじのかけがえのない存在なんだよ」「じいじは夢の味方だよ」「学校は出ておいたほうがいい」などの言葉が並んでいた。家に帰って、じいじからの手紙が部屋にあるときは、いつもその封筒を見るだけで私は泣いていた。そして、どうか私に届くようにと一つひとつ言葉を選んで書かれた手紙を読んで、私はいつもベッドの上で布団をかぶって泣いた。じいじの想いと、それに応えられない自分の情けなさが悔しかった。私はその手紙を誰にも見られないように大事にしまっていた。

私はじいじにもどうしても素直になれなかった。母方の祖父であるじいじは、母から私とうまくいっていないことを相談されていた。そのじいじに私から、母や家族へ対するいらだちや不満を言うことはできなかった。「じいじにだけは私の本当の気持ちをわかってほしい」と思っていたけれど、私が何か言ったら、祖父を母と私との板挟みにさせてしまうような気がして、私はじいじの呼びかけに応えることができなかった。何か辛いことがあったとき、私は手紙を引き出しからこっそり出して読み返し、一人で泣いていた。

じいじからの手紙を読むたびに、幼い頃の記憶が蘇ってきた。家族で買い物に行ったり、旅行に行ったり、テレビを見ながら談笑したり、みんなでごはんを食べたり……。家族関係がよかった頃のことを思い出して涙を流すこともよくあった。その頃のことを思い出すと今との違いに悲しくなるから、家族の笑顔なんてなかったかのように、そうした思い出は心の中に閉じ込めて、私は家族に冷たく接していた。

家族と関わることを避けるために朝帰りを続けていたある日の朝方、帰宅すると私の机の上にじいじからの手紙があった。手紙を開くと、筆ペンでこう書かれていた。

夢乃へ
じいじとばあばの家へ

来ないか

これが、じいじからもらった最後の手紙だったと思う。

祖父は、「今の家族との暮らしが辛いのなら、自分たちと暮らさないか」と言ってくれたのだ。この手紙を読んだ私は涙が止まらなかった。それでも、私は自分と家族に向き合うのが怖くて素直になれず、この手紙を見なかったふりをして、こっそり引き出しの一番下にしまって逃げた。

自分の情けなさや家庭や学校での状況に、私は死んでしまいたいと何度も思った。だけど、私がいなくなったら、じいじやゆかが悲しむと思った。じいじからの手紙に書かれた一つひとつの言葉は私の心に突き刺さり、このままじゃいけないと思った。だけど、誰にも頼ることはできなかった。だから、私はもっと強くなりたいと思った。一人で何でもできるようになりたい、一人で生きていけるようになろうと思った。

悲しいことや辛いことがあっても、一人で生きていけるようになろうと思った私は、ゆかとの連絡を絶った。いつも側にいてくれて、守ってくれていたゆかに、何も言わずに突然音信不通になった。このままゆかと一緒にいたらゆかに対する依存心が強くなり、その依存関係から抜け出せなければ、いつまでも自立できないと思ったからだ。

私とゆかとの関係は、お互いを高め合えるプラスの関係ではなかった。だからといってマイナスの関係だったということでもなく、私たちの関係は、お互いが今よりも悪いほうに落ちていかないように支え合い、なんとか今いる場所に踏みとどまるような「ゼロの関係」だった。2人で支え合っていても、お互いの状態や状況はよくならない。なんとかこれ以上落ちないようにお互いを支え合っていたけれど、それぞれの状態や状況が不安定だから、どちらかの意志が弱かったり、2人ともの状態が悪くなったりすれば一緒にズドンと落ちていってしまうような、危ない関係だった。このままの関係を続けていても何も変わらない。そう思って、私は急に彼女との連絡を絶った。

それが16歳の初夏。それ以来、私は彼女と一度も会っていない。突然連絡がつかなくなったことでゆかは私のことを心配しただろうし、すごく怒ってもいたようだ。そのことについては、いつか彼女と再会できたときに謝りたい。

私とゆかは、こんな話をしたことがあった。

「将来、うちらのことを見下すような大人じゃなくて、まともな大人になって、今のうちらみたいな子たちを助けられるようになろう」

そんな大人になれるまで、ゆかに頼らずに頑張りたいと思った。

6人の少女の物語

ここまで、私の高校時代の話をしてきたが、渋谷に集まっていた友達や、私の周りにいた同年代の子たちはみんな似たような悩みを抱えていた。

信頼できる大人がいない状況の中、誰にも頼れずに悩んだり、家庭や学校に居場所を失くして〝難民〟となっている高校生は全国にたくさんいるだろう。そういう子どもたちは、自分の身を自分で守り、自立して生きていく力を、誰にも頼ったり教えられたり見守られたりすることがないまま、自分だけで身につけることができるのだろうか。

ここで、渋谷時代に私が仲よくしていた6人の女子高生の物語を紹介したい。当時、一緒に過ごしていた女子高生たちがどんな背景でどんな状況に置かれ、どんな状態にあったのか。少しでも想像していただけたら幸いだ。あなたが彼女たちの立場だったら、彼女たちの近くにいたら、どうするだろうか。

DV男から抜け出せない――美紀

中学からの同級生「美紀」は、16歳のときはじめての恋をした。相手は22歳のフリーター。カラオケでナンパされたのがきっかけだった。美紀は彼に一目惚れしてしまい、はじめて2人で遊んだ日に彼の家に行った。家に帰りたくなかった美紀はその日彼の家に泊まり、そのまま2人は付き合うことになった。彼はタバコを吸っていて大人っぽい。彼と同じものが吸いたくて美紀もタバコをはじめた。

彼は、毎日何度も美紀にメールをくれたし、寂しいときや家にいたくないときに「いつでもうちに来ていいよ」と言って美紀をかくまってくれていた。彼女の母親は、美紀が家に帰らないかもしれないのに、毎日彼女のためにごはんをつくって待っているような優しい印象の人で、家庭には何の問題もなさそうに見えたが、美紀にとってはうざったい親だったらしい。詳しくは聞いていないが、彼女は親から成績や進路のことで口うるさく言われていたらしく、「親は私の成績にしか興味がない。自分の思い通りに私をさせたいだけ」と言っていた。家にいたくなかった美紀は、はじめての彼氏にべったりだった。

そんな2人の関係は、はじめはとても順調に見えた。しかし、ある日、美紀の手が頻繁にけいれんするようになったことに私は気づいた。「やばい、また手が震える」と言う彼女に「どうしたの？」と聞いても、いつも「わかんない」と言う。何日も経ってから、彼と何かあったのかと聞くと、「本当のことを言ったら、彼にも友達にも怒られると思って言えなかったんだけど」と言って、彼からDVを受けていることを話してくれた。

前からなんとなく聞いてはいたけれど、美紀の彼はかなり精神が不安定で、美紀とちょっと連絡がとれない時間があったり、自分の思い通りに彼女が動いてくれなかったりすると突然キレて、彼女に暴力をふるっていたらしい。美紀は日常的に暴力を受けていて、髪の毛をひっぱって引きずり回されたり、気絶するほど首を締められたり、タバコの火を体に押し付けられたりしていた。それでも、彼は暴力をふるったあとは人が変わったように優しくなり、泣きながら謝って傷ついた美紀の体をいたわってくれるそうで、彼女はそんな彼の姿が愛おしくなるらしい。

「そんな男、やめなよ」と私や周りの友人たちが言っても、美紀は「彼を怒らせてしまったのは私が悪いから。彼は私のために怒ってくれてるんだ」と言って、彼から離れようとしなかった。彼女は「このままじゃダメなのはわかってる。でも、彼には私しかいないの。彼を変えてあげられるのは私かもしれない」とも言っていた。これらは、ＤＶ男にはまってしまう女の子からよく聞く言葉だ。彼女は彼に何かしてあげることや、暴力をふるう彼を受け入れることで自分の存在意義を見出そうとして、その関係に依存してしまっているため、彼への想いを振り切ったり、彼から離れたりするのが難しい。

彼と付き合ってから数カ月経った頃、美紀は「急に彼と連絡がとれなくなった」と言った。「新しい女でもできたんじゃない？」と話していると、その数日後、美紀の携帯に彼から「病気で入院してもう死ぬかもしれない。治療のために30万円、今すぐに必要だが貯金がない。美紀の貯金から少しお金を貸してくれないか」というメールが入った。周りからしてみれば、「こんなあからさまなつくり話に誰が騙されるのか」と思うが、彼女は信じていた。「彼には頼れる人が他にいない。私が助けてあげないと彼の命が危ないかもしれない」と本気で思っていた。

結局、私と友人たちは「そんなのウソに決まってる！」と彼女を説得し続け、美紀はお金を振り込むのをやめた。お金が振り込まれないことを知ると、彼は「俺はお前しか頼れないんだ。俺を見捨てるのか」としつこく彼女に電話やメールをしてきた。そのたびに彼女は「もし彼の入院が本当だったら……」と心配していたが、友人たちが説得し続けた結果、彼と連絡をとることをやめた。

ＤＶ男から離れることができたのはよかったが、彼女はこの後、あまりごはんを食べられなくなり、「彼以上に好きになれる人なんて、今後できるわけがない」と言って、彼のことを思い出してはリストカットをするようになった。「癒しがほしい」とホストクラブ通いをはじめ、彼を失った寂しさを埋めるため、ホストやバイト先で知り合った大学生や社員の男と簡単に寝るようになってしまった。いつも「私を愛してくれる人なんていない」と言っていた彼女は、そう口にすることでこれ以上傷つかないように、未来に期待しないように自分に言い聞かせていた。朝帰りすることが多くなった彼女を両親は心配した。しかし、両親からの期待は彼女にストレスとなって重くのしかかり、彼女の手首にはリストカットの痕が絶えず、手のけいれんも治ることはなかった。

拒食と過食を繰り返す――佐奈

私とは別の女子高校に通っていた「佐奈」は、失恋をきっかけに拒食と過食を繰り返していた。クラシックが好きで、お嬢様という感じだった彼女と私は、友達の紹介で知り合って仲よくなり、一緒に渋谷で遊ぶようになった。彼女の親は過保護で、彼女が遊びに行くときにはいつもお小遣いを渡していた。お金はいくらでももらえたらしく、彼女は学校までタクシーで通っていた。

そんな彼女が好きになったのは、私の友達だった「レン」。レンは「高校生のうちに女の子100人斬りをする」と公言する、誰もが認める「チャラ男」だった。「あんな男、やめときな」「あいつは友達としてはいいやつだけど女には最低。男女の関係になったら後悔するよ」と周りの友人たちが言えば言うほど、佐奈はレンに惹かれていった。

「ま、佐奈が好きならいっか」と放っておいたら、あっという間に2人は一線を越えた。「何回か関係をもったけど、はっきり付き合おうと言われない」と彼女は悩んでいたが、友人たちは「レンが誰か一人の子と真剣に付き合うわけがない」と思っていた。それでも佐奈は諦めなかった。「私のこと好き?」と聞けば「好きだよ」と言ってくれる彼に、佐奈は夢中だった。

しかし、ある日彼女は彼が佐奈の学校の先輩と腕を組んで歩いているのを見てしまった。私たちにとっては「また違う女を連れてるよ」という感じだったが、佐奈は真相を確かめようと2人のところへ行った。佐奈が「何してるの?」と問い詰めるとレンは言った。「は?　何、彼女ヅラしてんの?　俺、浮気してもいいって言う女の子

とし か付き合わないから。縛られるの嫌いなんだよね。もっと可愛くなってからおいで。デブとブスには興味ねーの」。最低だがレンはこういう男だ。私たちは、彼が毎日のように違う女を連れて遊びに来るのを知っていたし、「女は穴と足さえあればいい」と言っているのを聞いていたから慣れていたが、佐奈はこの言葉に傷つき、変わってしまった。

それ以来、佐奈はごはんを食べられなくなってしまった。何か衝撃的なことがあったときに食べものが喉を通らない、という経験をしたことがある人は少なくないと思うが、佐奈はもっと重症で、拒食症になってしまった。彼の「デブ」とか「ブス」という言葉にショックを受け、もともと痩せていたのにもかかわらず、「もっと痩せたい」と何も食べずにどんどん痩せていった。

はじめは食べることを拒否している感じだったのが、次第に本当に食べられなくなった。佐奈が食べない原因がわからない彼女の親は心配した。親に「男にヤリ捨てされた」なんて言えるわけがなく、彼女はただただ食べることを拒み、体重が減っていくのを実感することが生きがいとなった。「なんでもいいから食べなさい！」と厳しく言う親に彼女は反発し、ものを蹴ったり投げたり暴力的な態度をとるようになった。

それまで真面目に通っていた学校にもあまり行かなくなり、体力が落ちて、たまに学校に行っても一日中机で寝ていたそうだ。気づけばレタス1枚すら食べられなくなり、何を食べても吐いてしまうようになった彼女の体重は30キロ台まで落ちた。髪も抜け落ち、体力がなくなった彼女の足元は常にふらついていた。転んで怪我をしても、何日も血が固まらない体になってしまった。月経が何カ月も来なくなり、「このまま子どもが産めない体になったらどうしよう」と泣きわめくこともあった。

そんな佐奈を、彼女の親は「あの子のことがわからない。あの子が怖い」と言って、病院に連れて行った。彼女は親から「怖い」と言われたことでさらに傷ついた。病院で「このままでは入院になる」と言われ、それまで周りから「食べろ、食べろ」と言われていた彼女はその日を境に今度は過食になった。甘いものを食べて、食べて、食べて、吐いて。何を食べても吐きたくなって、吐けないときは自分で口に手をつっこんで吐いていた。過食嘔吐と呼ばれる症状だ。彼女は狂ったように甘いものを口にし、この過食嘔吐を繰り返した。その結果、今度は70キロ以上に激太りしてしまった。彼女はいつも落ち着かず、その頃からちょっとでも気に食わないことがあると友人にも激しくあたるようになり、突然自分を失ったように泣きわめくこともあった。

誰も本人の前では決して言わなかったが、当然彼女は周囲から「太った」と思われていることに気づいていた。ある日突然、彼女はまた何も口にしなくなった。というか、何も食べることができなくなってしまった。彼女は再び拒食になり、この後、過食と拒食を何年も繰り返すことになった。

大人の男に弄ばれる――真衣

渋谷でバイトをしていたときに知り合った「真衣」は、自称「セックス依存症」だった。都立高校に通っていた彼女にはフリーターの姉がいるようだったが、私はそれ以外に彼女の家族のことを知らない。家には誰もいないことがほとんどらしく、彼女はよく男を連れ込んでいた。「おごってくれるかどうかが男の価値を決める」と言っていた彼女は、ナンパされたり、誰かの紹介で知り合った大学生の男に気があるふりをしたりしてその気にさせ、ブランド物の財布や指輪を貢がせていた。

彼女には偽名や偽の誕生日がいくつもあった。あまり信用のできない男や、後々面倒なことになりそうな男には偽名を教える。何か買ってくれそうな男には「もうすぐ誕生日なんだ♪」と嘘の誕生日を言い、その日にデートして、ほしいものをプレゼントしてもらう。気に入った男がいると家に呼んでセックスすることもよくあり、「減るもんじゃないんだからいーじゃん」と言って、彼女は本当にいろんな男と寝ていた。何が彼女をそうさせていたのかは知らないが、私たちの周りには、そういう女の子がたくさんいた。みんなで誰かの家に泊まり、雑魚寝しているときに毛布の中で誰かと誰かがいちゃいちゃしたり、隣の部屋でセックスしていたり、二段ベッドの上で誰かが誰かの元彼と寝ている、なんてこともあった。

「そんなにいろんな男としてたら、病気になるよ」と注意する友人たちに、真衣は「ちょっと優しくされるとヤってもいいかな、って思っちゃうんだよね。一人で寂しく過ごすよりよくない？　まー、病気には気を付けるわ」と言っていた。彼女はゴムを付けてくれない男がいるからと、避妊のために低用量ピル（望まない妊娠を避けるために月経周期に合わせて飲む薬）を飲んでいた。彼女に限らず、私たちは何かあったときのために、アフターピル（望まない妊娠を避けるための緊急避妊薬。モーニングアフター・ピルと呼ばれ、避妊できなかった性交後、72時間以内に服用すると高い確率で妊娠を防ぐことができる）を処方してくれる病院やレディースクリニックを知っていて、「あそこは日曜日でも開いている」とか「あそこは他の病院より安く処方してくれる」といった情報をシェアしていた。

ある時、真衣が突然男遊びをやめた。本気の男ができたからだ。友達と遊びに行ったライブハウスで知り合った彼はバンドマンで34歳、真衣より18歳年上だ。ステージに立つ彼の姿に真衣は惚れ、ライブに通った。ライブハウスには彼のファンの女性が他にもいたが、誰よりも若かった真衣は彼の目に留まって可愛がられるようになり、すぐに一線を越えた。彼は真衣をとても可愛がり、学校まで車で迎えに来てくれたり、バイクの後ろに乗せて夜景の綺麗なところにドライブに行ったり、ごはんをご馳走してくれたりしていた。彼はこれまで遊んできた高校生や大学生の男たちと違って包容力があったし、大人の遊びを知っていて、真衣は彼といると落ち着けたし、毎日が刺激に溢れて楽しかった。

彼とずっと一緒にいたいと思った真衣は、彼の家に泊まることが多くなった。家に帰らない日が続いたが、もともと家で家族と過ごすことは少なかったので、外泊は自由にできた。しかし、ラブラブだった2人にある日事件が起きた。真衣が彼の携帯電話を見ると、他の女との怪しいメールがいくつも出てきたのだ。真衣は自分には何でも話してくれている、と思っていた彼が何か隠しごとをしていると確信し、彼を問い詰めた。すると、彼は彼女が勝手に携帯を見たことに怒り、真衣に暴力をふるった。それまで優しかった彼の豹変した姿に恐怖を感じた真衣はひたすら謝り、泣きながら彼のもとを離れ、その日は私たちが集まっていたホストの友達の家に来て朝まで一緒に過ごした。彼女は私たちと合流するなり、友達の家にあった安い焼酎をラッパ飲みし、酔いつぶれて寝てしまった。

次の日、彼から真衣の携帯に何件もの着信があった。「今どこにいるんだ」「何をしているんだ」「なぜ電話に出ないのか」「連絡をしてくれ」というメールも何件も入っていた。昼頃目覚めた真衣が彼に電話をすると「昨日はひどいことをしてしまって後悔している。こんな俺だけど、真衣がいないとダメなんだ。俺のところに戻ってきてほしい」と言われたらしい。「そんな男のところに行くな」と止める私たちを無視して、「昨日は家を飛び出して彼に心配かけちゃったから」と、彼女は彼のところに行ってしまった。

真衣が彼のところに戻ると彼は優しくしてくれた。そして、「真衣に話さなきゃいけないことがある」と言って、真衣が見てしまったメールの相手は別居中の妻で、妻との間には小学校高学年の子どももいることを打ち明けた。それを聞いた真衣は泣いたが、「妻とは別れようと思っている」という彼の言葉を信じて待つことにした。その後1年ほど彼と不倫の関係を続けたが、彼と妻との別れ話に進展はなかった。最初は「そんな男はやめといたほうがいいよ」と言っていた友人たちも、いつからか「真衣が幸せならそれでいっか」と思うようになり、真衣をいつか幸せにしてくれるのは彼なんだ、と見守っていた。

そんな中、彼との恋に反対する人が現れた。真衣が受験のために通いはじめた塾の先生だ。その先生も真衣より16歳年上だった。仲よくなった先生に彼の話をすると、「大人だからわかるけれど、そんな男はよくない。真衣は受験も控えていて、まだまだこれからってときにそんな男といたら将来に影響が出る」と言われた。ちょうどその頃、ついに彼が妻と別れた。「彼が本当の意味で自分のところに来てくれた」と思った真衣は、自分のせいで彼を離婚させてしまった、という責任も感じていて、だからこそ自分が彼を幸せにしてあげたいと思っていた。しかし、塾の先生は真衣に彼と別れることを勧め続けた。受験勉強が忙しくなり、真衣がそれまでのように彼との時間をつくれずにいると、彼は真衣の知らないところで大人の女の人と遊ぶようになった。そのことに気づいた真衣は塾の先生に相談し、親身になってくれる先生のことがだんだん気になるようになった。真衣は先生に背中を押され、彼と別れることを選んだ。

別れ話をすると、彼は「お前のために離婚までしたのに」と怒ったり、「お前がいてくれなかったら俺は一生、一人になってしまう」と嘆いたりして彼女にすがった。それでも彼女が別れたいという姿勢を崩さないと、彼は再び豹変し「俺はお前の家も学校も知ってるんだ。逃げようと思っても逃げられない」と言って、別れてからも本当に家の近くを車でうろうろしたり、学校の近くの駅で待ち伏せしたりしていた。真衣は、いつ何をされるかわからないという恐怖で家から出られなくなり、彼に追われる夢をよく見るようになり、眠れなくなってしまった。

そんなとき、真衣を本気で守りたいと思ったのかどうかは知らないが、彼女を助けてくれたのが塾の先生だった。先生は、「待ち伏せされていて家に帰るのが怖い」と彼女が言うと塾の帰りに車で家まで送ったり、自分の家に泊めたりするようになった。そんな先生を真衣は好きになり、塾に内緒で2人は付き合うようになった。「禁断の恋」に真衣は完全に熱くなっていた。

大学に入ってからも、真衣は先生との関係を続けていた。しかし、真衣が大学生活に忙しくなると、先生は真衣よりも年下の塾の教え子とメールをしたり、仲よくするようになっていた。真衣が「高校生と連絡をとらないで」と言っても、「教え子が心配だから相談に乗っているだけだ」となだめられた。真衣は「先生が昔から塾の生徒に手を出しているらしいという噂は知っていたけれど、彼のことを信じている」と言っていたが、次第に彼と距離を置くようになり、20歳になる頃「このままではよくない」と思った彼女は、彼と別れた。「大変な時期に一緒にいてくれたのはよかったけれど、今思えば、遊ばれてただけだったんだと思う」と言っていた。

誰かに依存し続けて生きる——梨花

「ゆめのぉー、さみしいよーぉ」

当時、彼氏がいないと毎日のように寂しいと連絡してきていたのが「梨花」だ。彼女とは、カラオケの合コンで知り合った。入学して2カ月で通っていた高校を辞めたという彼女は、そのとき定時制高校に通っていた。彼女の両親は別居中で、離婚するかどうかで長い間もめているようだった。彼女は母親と一緒に住んでいたけれど、母親には新しい男がいて梨花にはあまり関心を示さなかった。母親は仕事をしていたので梨花と顔を合わせる時間も少なく、梨花は昼過ぎに起きると、テーブルの上に食事代として母親が置いていったお金を持って家を出る。別居している父親はアルコール依存症でギャンブルにはまり、酔っぱらうと暴力をふるう人だったらしく、梨花は「最低なやつ」と言っていた。しかし、彼女は別居後もギャンブルをやめられずに借金を抱えているらしい父親を心配してもいた。

梨花はとにかくいつも寂しがっていた。彼女は、彼氏ができれば彼氏に、彼氏がいない間は友人に、寄生虫のように依存していた。「寂しい、寂しい」と言って常に誰かと一緒にいたがり、一人のときも常に誰かと携帯で連絡をとっていた。「一人じゃ

「眠れない」と毎日のように誰かの家に泊まりたがり、一人になると死にたくなるらしく、リストカットをしていた。いつどんなときにでも一緒にいたがるので、彼女と付き合った男は最初は喜んでいても、すぐに疲れて離れていった。

　そんな彼女と１カ月以上関係を続けることができるのは、彼女と同じように依存傾向の強い男だった。彼女が友人と遊ぶのも気に食わないと言って、逐一行動やメールをチェックしている彼氏もいたし、女友達との遊びの約束に彼氏がついてくることもあった。梨花は束縛をされることは嫌いではなくむしろ喜んでいたのだが、少しでも彼に隠しごとをすると暴力をふるわれたり監禁されたりすることもあった。そんな毎日に疲れて別れ話をすると、彼氏がストーカーになったり、梨花を離すまいとして腕を強く握られて、その痕があざになってしまうこともあった。彼氏と別れたあと、彼女の家のポストに彼女が友達と歩いている写真や買いものをしている写真など、いつ撮られたのかわからない写真がカミソリと一緒に入れられていたこともあった。

　いつもそんな男と付き合っていた彼女は、彼氏と別れた途端に女友達のところへやってきて、遊ぼう遊ぼうと言ってくる。そして女友達が相手をしてくれなくなるとまた新しい男をつくる。その繰り返しだった。

高校1年生の夏、私は男と別れたばかりの梨花を渋谷のアクセサリーショップに連れて行った。その店では、ナンパされて仲よくなった23歳の「ジュン」が働いており、私は暇つぶしによくその店に行って店のバックヤードでたむろしていた。梨花はすぐにジュンや店員たちと仲よくなり、私がいない日も一人で店に遊びに行くようになった。「ジュンはちゃらいから気をつけたほうがいいよ」と私は彼女に注意していたけれど、寂しがり屋の梨花はすぐに彼と関係をもった。

ジュンは自分だけを見てくれる梨花が可愛くなったらしく、2人は付き合うことになった。少しでも寂しさを感じると梨花はすぐに別の男のところに行ってしまうことを知っていたジュンは、彼女を激しく束縛した。それでも、ジュンという居場所を見つけた梨花は嬉しそうだった。2人の関係はあまりよい関係には思えなかったけれど、2人は幸せそうだったし、梨花のリストカットもジュンがやめさせてくれていたから、私は2人を応援していた。

しかしある日、梨花が泣きながら電話してきた。「ジュンが元カノに300万の借金をしていて、返済をするために実家に帰って働くことになった」という内容だった。梨花は借金の理由を教えてもらえていなかったが、お金を貸した元カノが借金を返済する気のないジュンの態度にしびれを切らして彼の親戚に連絡してきたようで、ジュンは親族から実家に帰って働くように言われたらしかった。梨花が泣いていたのは、借金を隠していたことに対してではなく、ジュンの実家は群馬だったので、彼が実家に帰れば遠距離になってしまうことに対してだった。

彼女がジュンに「離れたくない」と言うと、彼は「じゃあ、ついて来れば？」と言い、梨花は「彼についていくために高校を辞める！」と言い出した。普通高校を退学し、定時制高校に入学してまだ数カ月なのに「学校を辞める」と言う梨花に、私たちは「ここで辞めたらあとがなくなるよ」「あんな男について行っちゃダメ！」と言ったが、梨花は聞かなかった。私たちが梨花の群馬行きを引き留めようとしていることに気づいたジュンは、「友達をとるか、俺をとるかどっちかにしろ」と梨花に迫った。彼と結婚する気になっていた梨花は、本当に学校を辞めて彼について行ってしまった。

「そんな男について行くなら私たちはもう知らない！」これまで散々振り回されてきた友人たちは、梨花に「その男と別れるまで連絡してくるな」と言った。しかし、彼女からはすぐに連絡があった。

「今、ジュンの実家に住んでるんだけど、彼の家族に冷たい目で見られて気まずい。ジュンが仕事に行ってる間は一人でこの家にいなきゃいけないから辛い。もう嫌だ。さみしい。死にたい」。そんなメールに私は一度だけ、「どうしても辛くなったら死ぬ前に帰っておいで。ジュンと別れて帰ってくるまではもう連絡しないで。頑張って」と返信した。

梨花は友人たちにも同じような「寂しい、辛い」というメールを送っていた。「帰っておいで」という私たちの声は届かず、彼女は3週間ほどジュンの実家で暮らしていたが、その後「もう耐えられない」と東京に帰ってきた。そして、「あんな男について行ったのは間違いだった」と話していたのだが、そのわずか2日後に「今日帰ってこなかったら、一生お前とは会わない」というジュンからのメールを受け取った彼女は、私たちの制止を振り切り、慌てた様子で再び彼のもとへ行ってしまった。私たちは呆れて何も言えず、彼女を心配することをやめた。

死にたい毎日——桃

帰国子女でインターナショナルスクールに通っていた「桃」は、誰よりも痩せていて病弱だった。彼女は生まれてから中学生の頃までアメリカで過ごしていたらしく、英語がペラペラで頭もよかった。彼女は大勢でいるときはいつも明るくて気が強かったが、仲のよい友達と2、3人でいるときの桃は、かなり悲観的で弱虫だった。

桃はいつも死にたがっていた。いつも死にたいと言って、実際に何度も自殺を試みていた。手首を切って、その腕から流れる血が止まらないようにとトイレに腕を突っ込んで倒れていたこともあったし、薬を過剰摂取するＯＤをしてみたり、駅のホームから飛び降りようとして大騒ぎになったり、いろいろやらかしていた。彼女は家の話はしたがらなかったし、友達同士でわざわざお互いの家の話をすることはなかったが、桃は家族が大嫌いだった。桃の家はお金持ちで、大きな家に両親と兄と暮らしていたようだが、特に兄からひどい扱いを受けていたようで、よくブログに家族のことを「うざい」とか「死ね」とか書いていた。それでも、桃は「親が厳しいから」と言って毎日門限に間に合うように家に帰っていた。「帰らないと何をされるかわからないから」とも言っていた。

桃はごはんをほとんど食べずにお酒ばかり飲んでいて、骨と皮しかないような体をしており、よく貧血を起こして倒れていた。最初は驚いた私たちも、しばらく安静にしていれば治るからとあまり気にしなくなった。何があったのかは知らないけれど、桃は「男なんていらない」と言って、絶対に彼氏をつくらなかったし、どんな男にも体を許さなかった。だけど、彼女はよく年上の男子高生や大学生とデートしていて、手をつなぐことだけは許していた。というより、自分からよく誰かの手を握っていた。

ある日の放課後、いつものように友人と渋谷に行って、桃に「今日いる〜？」と連絡すると、彼女が「今日はこの前話した高校3年生の男と遊ぶ約束がある」と言うので、私たちは「その男とのデートが終わったら合流しよう」とメールしていた。桃から「ＯＫ♪　これから彼とカラオケ〜♪　また連絡するね」という返信をもらった。当時、私たちの周りでは「2人でカラオケに行ったら部屋の中でヤラれそうになった」というのはよく聞く話だったので、「ヤラれないようにね〜（笑）」とふざけて言っていると、1時間後、桃から「たすけて　ヤラれそう」とメールが入った。

彼女は体力はないけれど気が強く、ピンチのときも私たちに助けを求めることはほとんどなかったので、「これは大変な事態かもしれない」と、友人たちと桃のもとへ急いだ。彼女がどこにいるかは知らなかったけど、私たちがいつも行くカラオケは決まっていたし、店員にも顔が知れていたので事情を話して、すぐに桃と男がいる部屋を見つけることができた。そこにはパニックを起こして過呼吸になっている桃と男子高生がいた。私たちは桃をその男から離し、彼女を落ち着けて家に帰した。

その日の深夜、彼女は睡眠薬を過剰摂取したらしく、それが親に見つかって大騒ぎになり、桃はしばらく外に出られないように監視をつけられた。

しばらくしてから知ったのだが、高校1年生のとき、桃は親友を自殺で亡くしていたらしい。一人になったり目を閉じたりすると、自殺した親友のことが頭に浮かび、「彼女に何もしてあげられなかった自分は生きていても仕方ない」「自分には生きている資格などない」という想いが溢れ、死にたくなるのだと言っていた。

彼女は何度も自殺未遂をして入院させられることもあった。

私には、20歳になる前に自ら命を絶った友人や知人が3人いる。

妊娠と中絶――百合

「あたし、高校辞めちゃおっかな」

いつもテンションが高くて、何も考えてなさそうなバカキャラの「百合」は口癖のようにそう言っていた。都立高校に通っていた彼女はテストでいつも赤点を取り、そのたびに自分が学校に行く意味はあるのだろうか、卒業する意味はあるのだろうかと、彼女なりに真剣に悩んでいた。

百合の家は母子家庭で、彼女は母親と友達のような親子関係にあるらしく、よく2人で買い物やネイルサロンに行ったり、母親に恋愛相談をしたりしていた。母親にも彼氏がいるようで、母親が大好きだった百合はママの恋を応援していた。百合の母親は彼女が学校に行かなくても水商売をしていても何も言わなかったから、百合は学校を休みがちで、夜にはガールズバーでバイトをしたり、キャバクラで体験入店を繰り返して小遣い稼ぎをし、そのお金で顔を整形していた。

男癖が悪かった百合は、同時に何人もの男の人と付き合っていた。彼氏たちに悪いとは思っているらしいが、「それぞれによさがあって、誰か一人には絞れない」と言い、「みんなに本気だから、ばれなきゃいーの」と三股をかけていた。彼女の話を聞いていると、彼女が本気で3人それぞれが好きなんだということがわかる。バレンタインの日にはチョコを3人分つくってきて、「疲れるー」と言いながら、その日のうちに全員にチョコを渡すためにそれぞれとデートしていた。自分の誕生日やクリスマスのときもスケジュールを調整したり、プレゼントを3つ用意したりして忙しそうだったけれど、百合はいつも楽しそうだった。

高校2年生の春、彼女は妊娠した。そのときも彼女は三股をかけ続けていて、「誰の子どもかわからない」と言って電話越しに泣いていた。彼女は産むか産まないかを悩んだけれど、「育てられるわけがない」と周りに反対され、結局、中絶という選択をした。

難民女子高生たちのリアル

これが、私が高校生だった頃一緒に過ごしていた女子高生たちのリアルだ。彼女たちの葛藤やそこに至るまでの背景を知ってもなお、彼女たちのことをただ「ダメな子」だと言えるだろうか。彼女たちの状況や状態を彼女たち自身の問題だと、「若者だけの問題」だと、言うことができるだろうか。あなたが彼女たちの立場だったら、彼女の親の立場だったら、先生の立場だったら、どのような葛藤をするだろうか。彼女たちは社会に居場所を失くした〝難民〟だ。しかし、彼らの存在は社会から認知されておらず、彼らはその状況から脱する術を知る機会を得ることもできない〝難民高校生〟なのだ。

当時、私たちはお互いの気持ちを理解し合える関係だったが、それはお互いを頼りにできるかということとは別だった。私たちはお互いの「状態」は知っていても、お互いの「状況」についてはほとんど話さなかった。私たちはそれぞれ「自分たちだけの世界」の中で見せる顔を持っており、その世界の中で起こったことは話していたが、その「外」である学校や家庭でのことはほとんど話さなかった。相談しても自分たちだけでその状況を変えたり、なんとかできるような状況ではなかったため、話しても無駄だと思っていたし、友人たちといるときにまでそういうことを思い出したくはなかった。だからその分、そういう状況に対する不満や苛立ちや憤りを「うざい」「だるい」「死ねばいいのに」「もうやだ」「死にたい」などの言葉やリストカットなどの行為、人を信じることができないという態度などで表現していた。そうすることでラクになるわけではなかったが、互いの詳しい状況は話さなくとも友人たちが自分と似たような想いを抱えていることを感じると、辛いのは自分だけではないと思うことができたし、誰にも言えない気持ちをつっぱった態度で示すことで強がって、自分を保っていた。

当時の私たちに共通していたのは、「誰かにわかってほしい」「信じられる何かがほしい」「安心できて、落ち着ける居場所がほしい」という想いだったと思う。そういう行き場のない想いから、寂しさを感じて何かに依存したり、未来に期待できずに自暴自棄になってしまったりする。私もその一人だった。

「高校中退」という選択

「もっと強くなりたい」「一人で生きていけるようになりたい」と、ゆかとの連絡を絶った私だが、変わることは簡単ではなかった。一人でもやもやしているよりもみんなとわいわい騒いだほうが気が楽だったから、私は相変わらず友人と騒いで過ごしていた。高校生を100人集めてカラオケでパーティーを開いたり、夜中の公園で花火をして警察に怒られたり、朝まで雀荘で過ごしたりしていた。飲みに行って終電がなくなると、ネットカフェやカラオケに泊まることもあったし、ラブホテルに泊まることもあった。お金がないときはファーストフード店やファミレスの客席で仮眠しながら朝が来るのを待ったり、一夜を明かせる場所を探し歩いたりした。誰かの家に泊まることもあったけど、家の中には家族がいるからと駐車場の車の中で寝ることもあったし、公園やビルの屋上に段ボールを敷いて寝ることもあった。毎日決まったビルの屋上で寝泊まりしている友人もいたが、私たちは「うちら、まじホームレスじゃん」

と笑って、そんな生活をやり過ごしていた。

友人たちと過ごしているときは楽しかったが、お酒を飲んだりバカなことをして遊んでいても、心から楽しんだり笑ったりできていないことは、自分が一番わかっていた。オール明け、家まで帰る電車の中で通学中の高校生とすれ違うたびに、「自分は何をしているんだろう」と心が痛んだ。自分でもこのままではよくないと思ってはいたけれど、どうしたらよいのかがわからなかった。

たまに学校に行けば、当たり前のように学校に通えている同級生と自分を比べ、さらに絶望的な気分になった。そういう同級生たちの笑顔を見ると、なぜ自分だけこんな想いをしなければならないのかという気持ちになって、一緒に過ごすことが苦痛になった。だから、私は自分からクラスに馴染まないようにした。遅刻して学校に行き、教室に入るとクラスメイトが挨拶してくれたが、私はそれを無視した。

学校になかなか来ない私を心配した担任の先生から、「最近はどうしていますか」「顔を見られるのを楽しみに待っています」といった手紙がFAXで届くこともあった。親からそんな手紙を渡されたときは、「こんなものいらない」とうざがっていたが、一人で家にいるときにFAXが届くと、先生の想いに応えられない自分に涙を流すこともあった。しかし、親とやり取りをする立場である先生に対して、素直になることは難しかった。

ますます学校に行かなくなると、学校に通っている友人とは生活リズムが合わなくなり、私はだんだん高校を中退したり中卒でフリーターをしたりしている友人やニートの友人とつるむようになった。毎日夕方頃になんとなく集まり、おごってくれる男がいるときや誰かがパチンコなどのギャンブルで勝ってお金をもっているときは飲みに行き、お金を出せる人がいないときはコンビニで缶チューハイを買ったり、みんなで安い焼酎やブランデーを買って公園やビルの階段にたむろして回し飲みしたりしていた。

たしかに私たちは毎日だらだら遊んで過ごしていたし、外から見ればただふらふらしているだけに見えただろう。しかし、それでも私たちは、一生懸命生きていた。「やりたいこと」や「将来の夢」なんてことを考える余裕はなく、今を生きるだけで精いっぱいだった。何も考えていないというよりも、考えられない状況だった。「こんな社会で夢や希望なんてもてるわけがない」と思っていた。

高校中退に至るまでの葛藤

将来やりたいこともなく、勉強する目的もなかった私は、高校で勉強することに意味を感じず、高校を中退した。「高校を中退した」というと、簡単に学校を辞めてしまったのだと思われることが多いが、高校を中退するのには大変な労力がいる。

勉強する意味はあるのか、学校に通う意味はあるのか。このままでは留年してしまうかもしれないけれど、今さら頑張っても挽回できる自信もない。どうせこんな状態で卒業なんてできないし、卒業したとしてもどうなるかはわからない。自分なんかがこの学校を卒業しても意味なんてないかもしれない。学校に通うよりもその分働いてお金を稼ぎ、早く自立したほうが今の状況から脱することができて幸せなのではないか。でも、やっぱり中卒では就ける仕事も限られる。一生水商売というわけにはいかないし、高校を辞めたら親戚からも何を言われるかわからないし、友人たちからも負け組とバカにされるかもしれない。やはり高校は卒業しておくべきなのか、とはいえ学校に行こうと思っても体が動かない……など、たくさんたくさん、自分の中で葛藤した。その中で「高校を辞める」という選択をするのはとても勇気がいることだった。

また、高校中退を決意しても、簡単に学校を辞められるわけはなく、家族や先生に止められた。「本当にそれでいいのか」と何度も聞かれ、「まだ挽回の余地はある」「あなたなら頑張れる」といろいろな人に言われた。それでも頑なに中退の意志を示していると、「高校を中退したら、将来の生活が大変になる」「高校を辞めてからどう生活していくつもりなのか」と指摘された。自問自答を繰り返してきたことを再度大人に突きつけられ、「そんなことわかってるよ！」と苛立った。私を心配してそう言ってくれていたことは頭ではわかっていたが、気持ちはついてこなかった。私の気持ちや葛藤は誰にもわかってもらえないと思っていたし、簡単にわかった気になられるのも嫌で「わかった気になるな」と思っていた。それと同時に、「この人たちにはどうせわからない」と諦めてもいた。

そんなとき、私は友人から「高等学校卒業程度認定試験（高認）」というものがあると聞いた。その試験に合格すると高校を卒業した者と同等の学力が認められ、専門学校や大学を受験する資格も得られるというものだ。それを聞いた私は、高校を辞めたあとのことを心配する親や先生を説得するため、また中退後の自分のために、この試験を受けることに決めた。高認について調べると、高認合格を目指す人向けの「河合塾コスモ」という予備校があることを知り、下見に行った。そして、コスモに入塾することを高校中退の説得材料とし、親や先生たちとの面談を繰り返し、高校2年生の7月、高校を中退した。

本当に学校を辞めていいのか、辞めてもやっていけるのか。とはいえ、もうここでは頑張れない。何度も悩んだし、辞めるまでのこの期間は本当に辛かった。学校を辞める日にも保健室で友人と言葉にできない想いで泣き合った。
それでも私は高校を辞めるという選択をした。そうするしか、なかった。

第3章 私を変えた外の世界

高認予備校に入塾

私は高校中退後、すぐに河合塾コスモコース（コスモ）に入塾した。「コスモ」は高認受験、高校中退・不登校・中卒からの大学進学や総合学習のための予備校であり、私のように高校を中退した人や高校に進学しなかった人、引きこもりだった人や中学から学校に通っていなかった人、一度就職をしたあとに大学受験を目指す人など、15歳から20代を中心としたさまざまな状況の人が通っていた。

コスモでの授業は、自分の学習状況や生活状況、進路に合わせて、高認や大学受験に必要な科目を担当スタッフと一緒に組み立てる。朝起きるのが苦手な人は午後からの授業を登録したり、バイトと時間がかぶらないように授業を組み立てたりすることもできる、大学のようなシステムだ。コスモにはさまざまな「ゼミ」があった。心について考えるゼミ、本気で遊ぼうというゼミ、栄養バランスゼミ、化学のなぜを考えるゼミ、人間関係論ゼミ、芸術の可能性ゼミ、基礎教養ゼミ、パフォーミングアーツへの招待ゼミ、農園ゼミなどがあった。ゼミではテーマに沿って講師の解説を交えながら、講師と生徒が自由にディスカッションをしたりワークショップをしたり、校舎の外に出てフィールドワークをすることもあった。一緒にごはんをつくって食べたり、鍋を囲みながらゼミをしたり、お茶とおせんべいを食べながら社会問題について検討するゼミも毎週行われていた。

コスモには「サークル」もあった。授業の空き時間や授業後にスポーツをする人、編み物やお菓子づくりをする人、写真を撮ったり、散歩をしたり、文章を書いたり、興味のあることをヒマな時間にやってみるという活動をしている人たちもいた。生徒たちはそういうサークル活動に参加したり、自分たちで活動をつくったりすることができた。他にも夏休みの時期には有志参加型のさまざまな合宿も行われていた。「場所と視点を変えて自分や社会を捉えなおす沖縄合宿」「歩みを進めながら自分自身や他人を知る青春600キロ合宿」「歴史の現場を自分の目で見て感じる広島合宿」「見て・聞いて・描いて・表現の可能性を探る合宿」「近くて遠い韓国の今を知る韓国合宿」などがあった。私がコスモ生だった頃は、ただ楽しいとか面白そうとか友人が参加しているからとかヒマだったからといった理由でゼミやサークル活動に参加していたが、今思えばコスモはさまざまな経験の機会を用意し、きっかけの種をたくさん撒いてくれていた。

16歳でコスモに入塾した私はまったくと言っていいほど授業に出席しなかった。昼夜逆転の生活をしていた私にとって、週に数日、家から1時間ほどかかるコスモに通うのはとても大変なことだった。夕方から渋谷で遊び、朝方家に帰宅して寝て、15時くらいに起きればあっという間に夕方だ。すると、19時に閉館するコスモに今さら行っても仕方ない、という気持ちになる。高校を中退するとき、自分の力で生きていけるようになろうと思っていたのに、ますます生活がだらしなくなっていく自分に呆れつつも、その生活から抜け出すのは難しく、私は昼夜逆転の生活をこの後数年続けた。コスモで仲のよい友人ができると彼らと一緒に過ごすようになったが、当時の私にとっては十分に早い13時くらいにコスモに行くと眠くなり、たまり場にしていたフロアの机で寝てしまっていた。

そんな生活を続けながらも、高校中退から4カ月後の11月、私は高認を受験した。高認は受験前に高校で取った単位数によって受験科目が免除になり、私は6科目が免除になって残り2科目を受験すればよかった。試験の数週間前からはできるだけ頑張ってコスモに通い、集中指導を受けた甲斐あって、合格することができた。だが、高認に受かっても、私や周りの状況は何も変わらなかった。授業に出席することはなく、夕方コスモに顔を出し、友人とおしゃべりして過ごし、そのまま夜の繁華街に遊びに行くという生活を続けていた私は、やっぱり「ダメな子」だった。

高校を辞めてから、私はそれまで「高校生」という立場と肩書にどれほど守られていたのかということを実感した。高校を辞めて所属をなくすと、社会的信用も失った。たとえばバイトをするにしても、高校生だったときのほうが雇ってもらいやすかった。当時、私は高校を辞めることは自由になることだと思っていたのだが、実際に辞めてみると、自由には責任が伴うのだということに気づかされた。たしかに高校を辞めれば、授業もテストも成績も時間の縛りもない。髪を染めたり化粧をしたり、ネイルをしたりとファッションや生活態度なども誰かに規制されることはなくなった。

しかし、見守ってくれる大人がいなくなると、本当にすべてが自分次第になってくる。高校を辞めるときには「一人で生きていけるようになりたい」「将来のことも自分でどうにかするんだ」と思っていた私だが、これからどうしようかと一人で悩んでもどうしたらよいのかまったくわからない。だからといって、頼れる人もいないまま、考えれば考えるほど自分の情けなさに気づき、将来の自分に希望がもてない状況が嫌になり、「どうせ考えても意味がない」と将来のことを考えないようにしていた。

そんな私を変えたのは、一人の講師との出会いだった。

彼の名前は阿蘇敏文さん。毎週土曜日に畑で農作業をする「農園ゼミ」の講師だった。

渋谷のギャルが農作業⁉

高認受験を終えて17歳になろうとしていた頃、「農園ゼミ」に参加していた一人の女の子に「農園に来てみない？」と誘われたのがきっかけで、私ははじめて農園ゼミに参加した。農業に興味はなかったが、当時住んでいた家から近いところに農園があったことや、農園ゼミが行われる土曜日は親が家にいるので家にはいたくなかったけれど、渋谷に行っても人が多くてかったるい気分になるので、ちょうどいいかと思ったのだ。

当時、農園は2カ所にあった。1つは東京の都心から少し離れた小さな山の中にあり、そこに小屋と畑を借りていて、私がコスモの現役生だった頃は主にこの農園で毎週土曜日に活動していた。もう1つは東京から1時間半ほどの茨城県龍ヶ崎市にあり、そこに講師の阿蘇さんの第2の家である旧農家の大きな民家があって、月に一度くらいはそちらで作業をして、夏や冬には合宿もしていた。私が農園ゼミに参加しはじめた頃は30人くらいの生徒が農園に参加していた。全員が毎週参加するわけではないので参加者が5、6人の日もあったが、それはそれで楽しかった。

農園ではもちろん農作業をする。春には田植えをし、麦やソバを植え、夏には強い生命力を持つ雑草と格闘しながら夏野菜を収穫し、秋には稲刈りと収穫祭を行い、栗やギンナンを拾い、落ち葉でたい肥をつくる。冬には白菜やホウレンソウで鍋をして、たき火で温まる。野菜を育てるための土づくりもプロの農家の協力を受けながら自分たちで行った。たい肥をつくり、畑に耕運機をかけ、落ち葉や牛糞を土に混ぜ、種を植える畝《うね》をつくる。私が参加した頃はすでに畑が整えられていたが、私よりずっと上の先輩たちは水道もない場所で土に混じった石を取り除き、畑をつくるところからはじめたらしい。

はじめての農作業。当時ＣａｎＣａｍ系のファッションで、いつもミニスカートにヒールを履いていた私はスニーカーすらもっておらず、おしゃれブーツでヴィトンのバッグをもって農園に参加していた。渋谷では触れることのない土や虫に触れるのは汚い気がして、はじめはすごく嫌だった。また、私は、蚊に刺されても血を吸っている蚊を叩けないほどの虫嫌いだった。しかし、農業に虫はつきもので、畑を歩けばさまざまな虫が飛んできて、土を掘ればミミズがたくさん出てくる。収穫する野菜にもイモ虫がついていて、私はそのたびに「ぎゃー」と大きな悲鳴を上げていた。はじめの頃は、「大丈夫？」と心配して誰かが来てくれたり、私のオーバーな反応に笑ったりしていた友人たちも、それを何回か繰り返していると「また？ そのくらい大丈夫でしょ」と私の悲鳴を無視して自分の作業を続けるようになる。私は虫に遭遇しても自分で何とかするしかなくなって、二重に軍手をはめて対策をとってみたり、足で虫を追い払ってみたり、試行錯誤した結果、虫がいてもあまり騒がず作業を進められるようになった。私にとってそれは大きな変化であり、作業を重ねるたびに少しずつ虫を克服している自分に気づくと成長を感じて、少し嬉しかった。それまでの日常とはかけ離れた慣れない作業で腰が痛くなったり、毎回筋肉痛になったりしていたが、少しずつ鍬《くわ》の使い方がさまになったり、力の入れ方や抜き方がわかってきたりするのも楽しかった。

阿蘇さんとの出会い

農園ゼミの講師をしていたのが阿蘇さんだ。コスモでは講師のことを「先生」とは呼ばないので、みんなが「阿蘇さん」と呼んでいた。１９４０年生まれで私より50歳近く年上の阿蘇さんは、私を私として見てくれたはじめての大人だった。

阿蘇さんは、私が金髪だとかミニスカートでヒールを履いて農園に来るとか、語尾に「にゃん」を付けてネコ語で話すとか、そういう表面的なことから私を判断しなかった。かといって私の見た目にまったく興味がないわけではなく、「なんでそんな変な話し方をするんだ⁉　おかしいなあ」と、むしろ私がどうしてそんな姿をしているのかと興味をもっているような言い方をして話しかけたり、「ゆめのは冬でもミニスカートしか履かないのか⁉　僕はゆめのの脚を見られて嬉しいけどね」と言って、生徒たちを「セクハラ！」と笑わせていた。阿蘇さんはそんなふうにふざけながらも、作業の合間などで2人きりになったときや料理を教えてくれているときなどに、ふと「いつも何をして過ごしているのか」「何を食べているのか」「家族はいるのか」などと聞いてきた。私は答えてもいいと思ったことは答え、あまり言いたくないことには適当に答えたが、そんな時間が楽しかった。阿蘇さんが私に興味をもっていろいろ聞いてくるのが、ちょっと嬉しかったのかもしれない。

私がいつも渋谷で遊んでいることを知ると、阿蘇さんは「何をして遊んでいるのか」とか「どういう人たちが集まっているのか」と聞いてきた。「渋谷で何をしているときが楽しいのか」と、自分でもよくわからないようなことを聞かれることもあり、そういうときに「よくわからない」と答えると、「なんでわからないんだ？」とさらに聞いてくることもあって、私は困った。今思えば、私は阿蘇さんとのそういう会話の中で自分の状況や気持ちを整理していたのかもしれない。

阿蘇さんはよく、自分の話もしてくれた。阿蘇さんが生まれた戦時中のことや学生運動をしていたときのこと、高校受験の失敗談や恋愛話、外国についてなど、阿蘇さんの送ってきた人生や考えてきたことについて、私はたくさん話を聞いた。

そうやってお互いの話をしているうちに、私は阿蘇さんと仲よくなった。というか、私が阿蘇さんを信頼するようになった。私はよく阿蘇さんの運転する軽トラの助手席に乗り、みんなでつくるご飯の材料の買い出しに行ったり、阿蘇さんの用事について行ったりするようになった。そして、いつからか車の中で家族関係の悩みや友人についての心配事を相談したり、深い話をしたりするようになっていた。それまで、誰かに相談してもどうせ何も変わらない、と思って自分の中で溜めていたことや、誰にも言いたくないようなことも、阿蘇さんにはなんとなく話せた。「話せた」と言っても「家がだるい」「帰りたくない」「何もやる気が出ない」といった一言、二言程度の表現だったと思う。それでも、阿蘇さんは私が何か言うたびに「なんで?」「なんで?」と聞くので、私は「なんとなく」とか「だるいから」と答えながら、少しずつ自分の中で溜めていた嫌なことや、うざいこと、だるいことの整理をした。「何がだるくて、何がうざくて、それはなぜなのか。じゃあ、どうしたらいいのか」ということを、阿蘇さんは自然な会話の中で一緒に考えてくれた。

　そのうち、私は何かあると自分から阿蘇さんに相談したり、愚痴をこぼしたりするようになった。「こんなに嫌なことがあった！」「むかつく！」と怒ったり悲しんだりしている私に阿蘇さんは「そんなのほっとけ」ということもあったし、「こうしてみたら？」とアドバイスしてくれることもあった。「ゆめのはどうしたいのか？」と問われることや、「ゆめのが変わらなくちゃだめだ」と言われることもあった。阿蘇さんは「成績」や「出席日数」や「よい進路」のためにアドバイスをするのではなく、「私」を見て、話してくれた。私がどうしたら今の状況を乗り越えられるか、私がどうしたら自分で納得のいく答えを出せるか、私がどうしたら前向きになれるか、私がどうしたら幸せになれるか、そうしたことを「私に」考えさせてくれた。自分の意見を押し付けるのではなくて、一緒に考えてくれたから、私は阿蘇さんのことを信頼することができた。

　農園ではそれまで私が生きていた世界とは違って、見た目が派手かとか地味かとか、可愛いか可愛くないかとか、真面目かとかちゃらちゃらしているかとか、学校を辞めたとか引きこもっていたとか、そういういろいろな見た目や肩書や、それに対する偏見は抜きに、お互いを「その人」として見ることができる雰囲気があった。それは、阿蘇さんが生徒を色眼鏡で見るのではなく、個人として向き合うことを大切にしている大人だったからだと、今になって思う。私は自分を自分として見てくれる人がいることで、それまで誰かに傷つけられないために被っていた仮面を少しずつ外していくことができた。いつの間にかネコ語を話さなくなり、少しずつ心から笑えるようになり、自分や他人に素直になっていった。

しばらくしてから知ったのだが、阿蘇さんは教会の牧師をしていた。若い頃は高校の教師もしていたらしく、コスモ関係者以外の多くの人たちからは「先生」と呼ばれていた。けれど、私にとってそれはどうでもよいことだった。阿蘇さんが私たち生徒を「その人」として見てくれたように、私も阿蘇さんをそれまで敬遠していた「先生」や「大人」という存在ではなく、「阿蘇さん」として見ていた。阿蘇さんは、私たちの前で完璧ではなかった。判断を間違えることもあったし、理不尽なことを言ったりわがままを言ったりすることもあった。そういうときは生徒たちが「それはおかしい」とか「嫌だ」と意見を言ったり反論したりした。阿蘇さんと生徒が言い合いになることもあったし、阿蘇さんが無理やり自分の意見を通そうとして生徒から文句を言われることもあった。しかし、阿蘇さんは生徒と講師という立場の違いがあっても対等に互いの意見や気持ちを話し、議論できるような場をつくってくれていた。

農園で過ごしたはじめての夏。

冬から春にかけて少しずつ土に触れることや虫に慣れてきた私だったが、夏になるとまた違う虫が現れ、私はそれが嫌で仕方なく、へっぴり腰で作業をしていた。また、長く伸ばしてネイルアートを施していた爪に土が入ることや服が汚れることも嫌だったし、汗をかくことも嫌だった。絶対に日焼けをしたくないからとピンクの長袖のTシャツを着て、首には可愛いタオルを巻き、作業中汗をかくと何度も日焼け止めを塗り直し、化粧が崩れるのを気にしていた。しかし、あることをきっかけに私は変わりはじめた。

その日、私は龍ヶ崎の畑での作業中にトイレに行きたくなった。しかし、トイレのある阿蘇さんの家までは6、7分歩かねばならず面倒だった。そんなとき、阿蘇さんに「そこを使えばいいじゃないか」と言われたのが、畑に設置されていた仮設トイレだ。それまで誰かがこのトイレを使用しているのを見たことはなかったが、この際、もうここでもいいやと思った私はトイレのドアを開けた。その瞬間、ものすごい悪臭とともに大量の虫が飛び出してきた。

私は「ぎゃー!!」と叫び、阿蘇さんに「あのトイレ汚すぎる！　ちょー臭いし虫がやばくてあんなの絶対使えないよ!!」と興奮して報告した。すると阿蘇さんは「そうか、掃除しなきゃな」と言って、畑につくられた水道の蛇口にホースをつなぎ、農具を洗うのに使っていたブラシを用意した。私は用を足すのを諦めて、作業に戻ろうとした。そのとき、阿蘇さんが私にブラシを「はい」と差し出した。私は反射的にブラシを受け取り、それからやっと状況を理解した。「えー？ まじ⁉ ゆめのがやるの⁉ やだー‼」と騒ぐ私に、阿蘇さんは「見つけた人がやらなくちゃ」と言って、さらにホースも持たせた。何年も掃除されていなかったらしい畑の仮設ぼっとんトイレ。日差しの強い真夏の日、嗅いだことのない悪臭と見たことのない汚れ、そしてたくさんの虫がいる中に、タオルを顔に巻いて鼻から下を覆った私は上半身をつっこみ、汗だくになりながら掃除した。「なんで、渋谷でちやほやされていた私がこんなこと！」と思ったが、トイレ掃除をしているうちに、なんだかそれまで気にしていたいろいろなことが、どうでもよくなってきた。

あとから聞いた話では、阿蘇さんは私が本当にトイレ掃除をすると思っていなかったようで、「まさかゆめのがやるとは驚いたよ」と笑っていた。そして「よくやった」とほめてくれ、私のぼっとんトイレ掃除は農園メンバーの中で伝説になった。

この日をきっかけに、私は農園で着飾ることをやめた。それまでは恥ずかしくてできなかった、収穫した野菜をスーパーの手提げ袋に入れて、電車で家に持ち帰ることも平気になった。あとから知ったのだが、野菜を持ち帰らせるのは「家族の会話のきっかけになれば」という阿蘇さんの想いからだった。

農園で学んだこと

農園では、米、麦、ソバ、トウモロコシ、ゴーヤ、シシトウ、トウガラシ、キュウリ、ナス、ピーマン、オクラ、トマト、シソ、イチゴ、スイカ、枝豆、大豆、レタス、サニーレタス、ルッコラ、キャベツ、大根、ニンジン、玉ネギ、カボチャ、ジャガイモ、サツマイモ、サトイモ、ゴボウ、生姜、ニンニク、ネギ、白菜、冬瓜、ホウレンソウ、小松菜といった、たくさんの野菜を育てた。そして、収穫した野菜を料理したり、味噌、キムチ、ジャム、ケーキなどに加工したりして、みんなで食卓を囲んだ。

作業を通して、それまでスーパーでしか見たことのなかった野菜や加工品ができるまでに必要な工程や苦労、野菜の成長過程や実り方を知ることができたし、みんなで一緒にごはんをつくって食べながらおしゃべりをしたり、ときに真剣な悩みや何らかの問題について語り合うことが、私は楽しかった。

農業には新しい発見も多かった。土に混ぜる牛糞をもらいに牛農家に行ったときは、「臭い役割を任されて最悪だ」と思っていたのに、いざ牛糞を触ってみると嫌な臭いがしないことを知って驚いたし、オクラの実のなりかたやゴーヤの種は熟れると赤くて甘くなることを知って驚いた。頑張って育てていた野菜が害虫や病気で枯れてしまったときは悔しかったし、味噌づくりの大変な工程を知ってからは味噌づくり合宿の季節がくるたびに少し気が遠くなった。

新米を食べるときもそうだった。腰を痛めながら田植えをし、夏の間にはカエルやアメンボにおびえながら雑草を何度も取り、また腰を痛めながら鍬で稲を収穫しても、ごはんとして食べるにはまだまだ工程が必要だ。刈った稲を束ねるのが難しくて嫌になったり、その稲の束を何日も外に干しておくと稲が乾いてカサが低くなるのを見てちょっと嬉しくなったりする。その後、足踏み式の脱穀機にははじめははしゃぎ、すぐに疲れて筋肉痛になり、お金を入れるだけであっという間にきれいに精米してくれる全自動精米機のありがたさと人間の技術のすごさを感じた。そうした工程を経てからごはんを炊いて、みんなで新米をいただくときは幸せな気持ちになった。ごはんを一杯食べるまでにどんな苦労があるのかを知り、「いただきます」と「ごちそうさま」の意味がわかった。

私は農作業をするのが好きだったというよりも、農園で過ごす時間が好きだった。みんなで一緒にごはんをつくって食べたり、作業の合間にサッカーボールで友人たちが遊んでいるのを眺めたり、手づくりのブランコに乗って遊んだり、ギンナンを拾って薪ストーブの上で焼いて食べたり、流しそうめんをしたり、わいわいやっていると思えばふとしたきっかけで社会問題について真剣に考えを交換したり、合宿のときは仲のよい友人と部屋を抜け出して畑に行って、星空の下で将来について語り合ったり、朝方まで誰かの愚痴や悩みを聞いたり聞いてもらったりした。

それまで「うわべの世界」で生きていて、その世界しか知らなかった私は、農園に参加しはじめた頃はなんとなく雰囲気に馴染めず居心地の悪さを感じていた。でも、農作業を通して一緒に汗をかいたり、おしゃべりをしたり、一緒にごはんをつくって食べたり、たき火を囲って語ったりしているうちに、みんなと仲よくなって、私にとって農園は落ち着ける場所となった。

もちろん、いいことばかりあったわけではない。他の生徒とすれ違って言い合いになったり、嫌なことを言われて傷ついたり、言いたいことがうまく伝わらないことや理解してもらえないことが悔しくて泣いたこともあった。しかし、誰かと衝突したり、わかり合えない「何か」にぶつかったりしたのは、それまでの「うわべ」ではない付き合いができていたからだと、今になって思う。そういうことがあるたびに、友人たちがなだめてくれたりなぐさめてくれたりした。私と言い合いになった相手に友人が何か言いに行ってくれたり、私を叱ってくれたりもした。そういう付き合いをする中で、口に出すのは照れ臭いけれど、家族のような仲間ができた。人との付き合い方や、距離感なども農園での生活を通して思い出すことができたように思う。

農園では本当にいろいろなことを学んだ。作業を通して食の大切さや生物の強さを知ったし、運動にもなった。中学時代の体育の授業を最後に、まともな運動をしておらず、都会で昼夜逆転の不健康な生活をしていた私は、農園で久々に太陽の光を浴び、汗を流すことで少しずつ元気になっていった。作業は大変でもみんなでやり遂げたときは達成感があったし、作業後にシャワーを浴びるとさわやかな気持ちになった。ちゃんとしたごはんを食べずに胃が小さくなっていた私にとって、お茶碗4分の1のごはんを食べるのも大変なことだったのだが、農園では食べることができた。というよりも、阿蘇さんが「食べろ食べろ」と言うので、仕方なく少しずつ食べるようになっていき、そのうち普通の人の3分の1程度は食べられるようになった。また、私は家にいるときや渋谷にいるときは携帯をひとときも手放さず誰かと連絡をとったりネットサーフィンをしたりしていたけれど、農園にいる間はそれほど携帯が気にならなくなっていた。

作業の休憩中やみんなでお茶を飲んでいるときなどに、阿蘇さんはよく私たちに何かのテーマを与え、議論させた。テーマを与えると言っても、それはいつも他愛もない会話からはじまるものだった。たとえば、農園の小屋に貼ってあった1枚のカレンダーに印刷されている山の風景が写真なのか絵なのかわかりにくかったときは、「これ絵？　写真？」という生徒の一言から、それがテーマになった。阿蘇さんは、一人ひとりに意見を聞いて、議論させた。そして、最後にはその答えを知るために、カレンダーの制作会社に確認の電話をした。畑で空を見れば、「この雲を見て何を連想するか」と座っていた生徒たちに聞く。そんな小さなきっかけから、農業や食糧問題、貧困問題などさまざまな社会問題について議論した。

合宿の前には、阿蘇さんは生徒たちに何がしたいかとか何を食べたいかと聞いて意見を出させ、自分たちで大まかな計画を立てさせた。そして、生徒たち自身でメンバーをチーム分けし、食事や片付けの当番を決める。阿蘇さんは最低限のルールを守らないと怒ったけれど、不満がある人は意見を言って、みんなで話し合って納得すればルールを変えることもできた。私は自分たちで考えて計画を立てたり、みんなの意見を聞いたりすることが少し面倒で、それでいて楽しかった。

「のうえん。楽しかった。虫。」

農園ゼミでは2、3カ月に一度「農園タイムス」という冊子を発行していた。農園に参加する生徒たちはそこに掲載する文章を書かなければならなかった。何をテーマにするかは自由で、農園での体験や今考えていることについて書いてもいいし、詩を書いてもよかった。私がはじめて農園タイムスの原稿を書いたのは17歳のときだった。そのときに私が書いたのは次のような文章だった。

「のうえん。楽しかった。虫。ゆめの」

高校を辞める頃から鉛筆をもつことがほとんどなかった私は、いざ何か書けと言われても、何も書けなかった。何を書いたらよいのかわからなかったし、「今日の作業について書いてみたら?」と言われても、どうまとめればいいのかもわからなかった。思ったことや感じたことについて書けと言われても、自分が何を感じたのか、いつどんな気持ちだったのかということが自分でもわからなかったし、整理できなかった。ましてや言葉にして表現するなんてとうてい無理だった。数分原稿に向き合って書けたのがこれだけ。この原稿を書いたとき、私はその文章がコスモの全生徒や保護者、農園の卒業生などに配られるものに載るとは知らず、あとからひどく恥ずかしい思いをした。

面倒だったし、文章らしい文章も書けなかったので、私は原稿を書きたがらなかった。それでも阿蘇さんは「書く力は大切だ」と言って、私たち生徒に月に一度くらい半強制的に原稿を書かせた。私は慣れない鉛筆を握って、何十分も原稿用紙に向き合った。

私は2年半、毎週農園に通った。毎年コスモに新しい生徒が入塾したり、進路が決まった生徒が卒業したりするのに合わせて農園メンバーも変わっていった。いつの間にか私は現役生の中で一番「農園歴」が長くなっていた。農園に来た頃、「人を信頼することができない」と言っていた私だったが、この頃には新入生が入ってくると積極的に声をかけたり、作業のやり方を教えたりするようになっていた。阿蘇さんがいつか「僕もまだできないときが多いけれど、誰かに心を開いてもらうには、まずは自分から心を開かなくてはならない。それは大変な勇気がいることだが、人と付き合っていく上でとても重要なことだ」と言っていたからか、私は「新入生は私よりも不安なはず」と思って積極的に行動するようになっていたし、自分にできることを見つけて行動するようになっていた。

農園に参加しはじめた頃は朝起きることができず、ほぼ毎回集合時間に遅刻していたが、いつの間にか朝の集合に間に合うように起きられるようになったし、生活のリズムも少し整って、夕方からしか行けなかったコスモにも昼頃に行けるようになった。そして、いつの間にか「死にたい」と思わなくなっていた。

広がっていく視野

農園で出会った大人たち

農園には、阿蘇さんの知人がたくさん訪れた。阿蘇さんは、ジャパニーズ・フィリピーノ・チルドレン（日本人とフィリピン人の間に産まれた子どもたち）の支援をするNPOの理事をしていたり、難民支援の活動をしていたり、山谷《さんや》のドヤ街の人を支援するお弁当屋さんに農園でとれた野菜を送っていたり、日本で飲食店を出す外国人をサポートしたり、当時の私には詳しいことはよくわからなかったけれど、とにかく多岐に渡る活動をしていて、年齢や職業や国籍にかかわらず、たくさんの友人がいるようだった。田植えや稲刈りのときには阿蘇さんの友人や知人が毎年100人くらい集まった。私たちゼミ生は田植えや稲刈りの作業後に行われる収穫祭用の料理をつくったり、田んぼの作業を進める役割を分担したりした。

ふだん農園で作業をするときも、近所の農家の方が手伝ってくれたりアドバイスをくれたりした。農家のおじちゃんのなまりのある話し方に何を言っているかよくわからなかったり、その強い口調にびびったりすることもあったけれど、私たちを会話に入れてくれたり、作業のやり方を一生懸命教えてくれたり、「若い子がせっかく来ているから」とお手製の漬物をくれることもあった。それまで関わることのなかった年代や地域、職業や立場の人と話すのは楽しかった。もちろん、話がつまらなかったり長かったりして面倒だと思うことや、この人とは合わないと思うこともあったけれど、そういう人との付き合い方を自分なりに考えて、それも一つの経験になった。

阿蘇さんは私に農園に来るいろいろな人を紹介してくれた。私は阿蘇さんを信頼していたから、阿蘇さんが紹介してくれる人とはなんとなく安心して話せた。それまでの生活で出会うことのなかった人の話を聞くのは面白かったので、私はよく農園に来る人と話した。農園のテーブルや小屋をつくった彫刻家のおじちゃんは自分の作品を見せてくれ、会うたびに「久しぶり！　いくつになったの？」と聞いてきた。農園の庭の木の手入れをしに来たおばちゃんは「60代になってから庭の剪定の資格を取ったのよ。この歳でも新しいことをはじめられたの。人生何があるかわからないわね」と明るく話してくれた。テレビ局や新聞社で働いている人が来て仕事の話を聞くこともあったし、韓国やネパールの人に郷土料理をつくってもらったり、フィリピンの人から母国の話を聞いて伝統的な踊りを見せてもらったこともある。日本語が話せない人と、ジェスチャーとわずかに知っている英単語を駆使してなんとか話そうとしてみたこともある。

脱原発を掲げて活動する僧侶たちが農園に泊まりに来たときには、自分と同い年の若いお坊さんがいることに驚き、彼らがインドやネパールを拠点に修行中だということを知ってさらに驚いて、修行では何をするのかと想像した。同年代のお坊さんは落ち着いていて、だらだら過ごしていた自分が少し恥ずかしくなった。お坊さんたちがつくってくれた食事の味付けの薄さにびっくりしたし、早朝に起きて掃除をしたりお経を読んだりしている彼らの生活態度にも驚いた。

関西の大学1年生5人が農園に合宿をしに来たこともあった。単位を落としそうな学生たちだったのか、補習授業として外国人の英語の先生とともに勉強をしに来ていた。当時の私にとって、「大学生」というのはとても遠い存在だったが、彼らはとても気さくで面白かった。私も阿蘇さんの勧めで、半強制的に彼らの英語の授業に参加した。それまで私は「大学」に対してすごく大変で難しいものだ、というイメージをもっていたのだが、その学生や先生と接することで大学が少し身近になった。また、大学生と一緒に授業を受けたという経験は、とても大きな自信になった。

農園には、農園ゼミの卒業生がふらっと遊びに来ることもよくあった。卒業生たちから、コスモを出たあとに何をしているのか、どうしてそういう進路を選んだのか、大学や職場はどういうところかなど、いろいろな話を聞かせてもらった。先輩たちは、コスモを卒業したあとの少し先の未来を私に見せてくれていた。

さまざまな人たちとの出会いを通して、私は変わっていった。農園に来る前、自分の知っている世界が世界のすべてだと思い込み、夢も希望もないと絶望していたが、農園での出会いから、私は自分の知らない世界がたくさんあることを知った。さまざまな考え方や生き方があることを知った。そして、ありのままの自分を受け入れてくれる大人や誰かのために活動する人がいることを知って、「世の中捨てたもんじゃない」と思えるようになった。知らない世界がたくさんあることに気づくと、一気に視野が広がった。さまざまなことについてもっと知りたいと思うようになり、自分にもできることがあるかもしれない、と思うようにもなった。

困難に立ち向かい生きる人々の姿

阿蘇さんや阿蘇さんを通して出会った大人たちは、私に社会で起きているさまざまなことについて話してくれた。それぞれが直面している問題や向き合っている課題について話を聞く中で、日本や世界で起きている農業や食の安全の問題、貧困問題や労働問題、環境問題、DVについてなど、世界にはたくさんの問題があることを知った。そして、それらの課題に向き合い、活動している人々がいることを知った。

ある日、農園で阿蘇さんが支援するクルド難民の家族に出会った。それ以前にも、難民問題や紛争について阿蘇さんから話を聞くことはあったけれど、当時の私には少し難しかった。しかし、実際にその家族と出会ってみると、彼らの背景にある問題がとても身近なものとなった。この家族には、日本で生まれてもうすぐ小学生になろうとしている娘がいて、私は彼女と一緒に遊んで仲よくなった。そして、彼らが一家揃って安心して暮らせる場所は日本しかなく、もし、彼らに在留特別許可が下りずに強制退去になってしまったら家族がバラバラになってしまうということを知り、私は彼らの支援活動に参加した。活動に参加してみると、そこには若い人の姿が少なく、私は大人たちから「若いのに偉いわね」「若い子が関心をもってくれると嬉しい」などと言われた。

そのとき、私にはそんな言葉がどうもしっくりこなかった。

私のような派手な見た目をしたギャルっぽい子でも、過酷な状況で生きる子どもたちの姿を伝えた「世界がもし１００人の村だったら」というテレビ番組を見て涙を流したり、アフリカで学校にも行かずに一生懸命カカオの収穫を手伝っている子どもがチョコレートを食べたことがない、という話を聞けば、「かわいそう」とか「何か自分にできることはないか」と考えたり、「自分の幸せ」について考えたりする。それなのに、私が「偉い」と言われるのは少しおかしいと思った。

たしかに当時の私の年齢で社会問題に興味をもって、行動に移すというのはよくあることではなかったかもしれない。だけど、私は阿蘇さんや農園での出会いを通してさまざまな問題を知ったし、阿蘇さんに誘われてついて行ったことがきっかけで活動していただけだ。その一方で、同年代の友人の多くは、「何かしたい」と思っても、どうしたらいいのかわからなかったり、自分にできることなんてないと思ったりして、その想いを行動に移すことができないままになっているだけではないか、と思った。

だから、私は大人たちが「若い人にもっと関心をもってほしい」と本気で思っているのなら、関心をもってもらえるようにもっと頑張ればいいのにと思った。そこにいた大人たちは、渋谷で見てきた大人と違って「いい人」に見えたけれど、当時の私のような若者たちとは、距離があると感じた。

私はそういう大人たちの若者に対するイメージや距離感を少しでも変えたいと思いながら、活動を続けた。一家の在留許可を求める署名活動の際、私は渋谷の友達や中退した高校の同級生など、友人たちから署名を集めた。同年代でもちゃんと話せば関心をもつ人は多かったし、共感すれば署名もしてくれた。そして、彼らにとっても社会で起きていることを知るきっかけになった。自分も協力したいと言って一緒に署名を集めてくれる高校生もいた。友人たちから署名を集めると、大人たちは少し驚き、そして喜んでくれた。彼らの若者に対するイメージや距離感が少し変わったように感じて、私は嬉しかった。

「大人と若者がもっと歩み寄ればいいのに」
「大人と若者がもっと協力すれば、社会は明るくなるのに」

この頃から、私はそんなふうに考えるようになった。

「なんとかしたい」という想い

そんなふうに思えるようになったのはよかったが、18歳になろうとしていた私は渋谷をふらついていた頃と変わらず、やりたいことも夢もなかった。高校の同級生たちが進路を決めている中で、将来について「こうしたい」とか「ああしたい」と思えない自分に少し後ろめたさを感じていた。高校時代、学校での逃げ場にしていた保健室の先生になろうかと思った時期もあったけれど、そのためには看護の勉強をしなければならないことを知ると気が進まなかったし、適当な気持ちで大学や専門学校に入っても疑問を感じてまた辞めてしまうのではないかという不安もあって、考えれば考えるほど勉強する気になれなかった。だから私は18歳のとき、大学受験をしなかった。

そんなとき、私は阿蘇さんにフィリピンに連れて行ってもらった。海外に行くのは7歳のときの家族旅行以来で、私は改めてパスポートを取り、貯めていたバイト代を使ってフィリピンへ飛んだ。阿蘇さんは現地で会議があるとかで先に行っていたので、私は一人で飛行機に乗った。入国カードの書き方がわからず、教えてもらおうと思い切って外国人の乗務員に「エクスキューズミー」と話しかけてみたものの英語がまったく話せない私の想いは伝わらず、教えてもらうことができないままに飛行機を降りた。入国審査のときにも、私は何を質問されているのかがわからず、とにかく「アイ・アム・ジャパニーズスチューデント」と何度も言った。担当者は少し苛立っている様子だったが、なんとか入国することができた。空港を出たところで阿蘇さんがフィリピン人の友人と待っていて、ほっとしたことを覚えている。

その後、5日ほど私はフィリピンに滞在した。阿蘇さんや、フィリピンに住む阿蘇さんの友人の外国人たちに現地を案内してもらった。スモーキー・マウンテンの中を案内してもらったり、住む家や職がない人が海の上に小屋を建てて生活をしている地域に行って子どもたちと遊んだり、有機栽培に挑戦している農村の人々とごはんを食べたり、一緒にゴーヤを収穫したり、段ボールと竹でつくられた2畳ほどの大きさの家に住んでいる農家の人と仲よくなったりした。たくさんのストリートチルドレンや物乞いの子どもたちを目にしたし、裕福な人の豪邸に行ったり、高級な食事をしたりもした。フィリピンで起きているさまざまな問題を目で見ることができたし、困難の中で生きる人々の姿や、そこに立ち向かっていこうとしている人の存在を知った。

一番衝撃的だったのは、風俗店で働く女の子たちとの出会いだった。夕暮れどきに街を歩いていると、「YUME NO HOUSE」というお店を見つけた。「ゆめのだって！」と言う私を、阿蘇さんはお店の前まで連れて行ってくれた。店の前まで行くと、その雰囲気から風俗店だということがすぐにわかった。日本でも、キャバクラやガールズバーなどで働いている友人はたくさんいたので、同年代の女の子が水商売をしていることには慣れていたが、このとき、お店の前に並んだ女の子たちの写真の下には「ＲＩＳＡ」とか、「ＹＵＲＩ」とか日本語の源氏名が書かれていて、私と同年代の彼女たちが日本人男性客に日本的な呼び名で呼ばれ、とても安い給料で働いていることを知って、私はショックだった。彼女たちと少し話をすると、働いて得たお金を田舎の家族に送っているという人や、本当は教師になりたいと思っていたが、学費がなく、学校には行けなかったという人がいた。

「生きるために働く」と言って水商売をしている日本の友人たちと、「ＹＵＭＥ ＮＯ ＨＯＵＳＥ」で働くフィリピンの女の子たちの姿が重なって、私は彼女たちを身近な存在に感じた。どうしてこんな安い賃金で日本人相手に働いているのか、どうして日本人客は彼女たちを買うのか、どうしてこういうことが起きているのかはわからなかったけれど、なぜ、遠く離れたフィリピンで、渋谷や新宿と同じようなことが起きているんだろうと思った。私は外国語を話せないけど、彼女たちは日本語を覚えて働いていた。そんな彼女たちや、どんな国、どんな家庭に生まれた女の子たちも、教育を受けたり、男性に媚びを売らなくてもよい働き方や生き方ができるよう選択肢が増やせないのかと思った。

「何か問題があったとき、なにかできるようになりたい。だけど、問題の原因がわからなければ解決方法もわからない。だから、まずは社会のしくみを知りたい」

そう思った私は、次の年に大学の社会学部への進学を目指すことにした。

大学受験までの道のり

コスモの講師やスタッフの勧めで、私はＡＯ入試を受けることに決めた。学校によって試験内容は違うが、私が受験したのは小論文と面接による試験で、これまでの体験や活動を通して学んだことや考えてきたことを伝えることが求められた。高校を辞めてから農園タイムスを書くとき以外はほとんど鉛筆を握ることなく、勉強もほとんど手についていなかった私は、受験を決めてから少しずつ生活を変えた。

まずは毎日コスモに通うことからはじめ、どんなに遅く起きても必ずコスモに顔を出すようにした。昼夜逆転生活だったので朝方寝ることが多かったが、朝5時に寝て15時に起きたとしても、そこから身支度をしてコスモが閉まる19時までには行くことに決めた。友人たちと遊びに行って夜遅く帰ったりオールをしたりすることもあったが、いつの間にか私はお昼頃にはコスモに行けるようになっていた。受験をする年の4月からは、毎日11時くらいにはコスモに行くことを目標にして、校舎でもだらだら過ごすのをやめ、小論文を一日中書き続けた。講師やスタッフの指導や励ましによって、私は次第に自分の考えを言葉にしたり文章を書いたりすることができるようになっていった。

2008年の冬。私は明治学院大学の社会学部社会学科を受験し、合格することができた。受験の際、志願理由書に書いた文章が今でも残っている。

——私は2年ほど前まで、2年間くらい、毎日渋谷や下北沢といった街にいました。そこでたくさんの人と出会い、いろいろな経験をしましたが、そこに居た若者達は皆、何かを抱え、他人を信じることができず、自分の中の不安や葛藤を誰にも打ち明けられずにいました。私も同じで、社会に不信感を抱き、夢も生きがいもなく、倦怠感に包まれながら、ただひたすら遊んでいました。信頼できる人もいず、そこだけが居場所でした。教師や学校に対しても不信感が募っていき、中学から通った学校を高校2年の夏に辞めましたが、その後すぐに入塾した河合塾コスモの農園ゼミに参加し、私は変わっていきました。

農園では、皆で共に作業や食事をすることを大切にしています。毎週土曜日に行われるこのゼミに続けて参加していくうちに、人の温かさに触れ、心を開けるようになり、信頼できる仲間ができました。講師やスタッフも私に向き合ってくれ、そういう大人がいることで私は安心しました。若者と大人の関わりが薄れている今、大人が若者を理解し、深い関わりを持つことが必要だと思います。そこで私は自分の経験を踏まえ、大人になっても若者達と共に生きていきたいと考えるようになりました。また、講師の話から、世界や日本の社会、政治、貧困、食糧不足など、さまざまなことを知り、衝撃を受けました。そして、自らいろいろなことを知りたいと思うようになり、クルド人難民問題や日比国際児問題の支援活動やボランティアをするようになりました。

当事者と関わるうちに、想像を絶する苦しみが存在することを知り、現状を変えたいと考えるようになりました。難民支援活動では私はある一家の支援をしていて、主に、取材活動、署名活動、裁判傍聴をしました。まずは、当事者から話を聞いたり、メディアで取り上げられた記事や番組の録画を観たりしました。支援会の集まりでは、自分達に何ができるかを具体的に考え、意見を出し合いました。署名を集める際には、一人ひとりに現状をわかりやすく説明しました。それにより、多くの人が理解し、協力してくれました。そして、はじめは友達や周りの人にお願いしていた署名も、その輪は世界に広がっていき、計2万3000人分集めることができました。

支援活動は、困っている人を助けるためにすることだと思っていましたが、それだけではなく、自分が彼らに教わることが多くありました。どんなときでも諦めず、希望を持ってまっすぐ立ち向かう彼らの姿が目に焼き付いています。また、支援していた一家の母親と涙を流しながら抱き合って「何があってもお互い頑張ろうね」と約束し、勇気をもらったこともありました。皆の支援の結果、今年の３月にこの家族は在留特別許可を取ることができました。諦めず、皆で力を合わせれば国をも動かすことができるのだと学びました。その後の一家は以前より明るい笑顔で生きていて、私にとっても今までで一番嬉しいことでした。苦しみは皆で分け合い、喜びは何倍にもなることを体感しました。

次に、私は日比国際児問題を支援するＪＦＣネットワークで活動をはじめました。このＮＰＯは、今年の６月４日に国籍法違憲裁判で勝訴した原告たちを支援していて、私も傍聴に行きました。外国人が異国で生活や育児をするのはそれだけで大変なのに、日本という国を相手に裁判を起こす勇気に感服しました。さらに彼らは他の外国人達の希望となり、彼らを通して私達は新たな出会いに恵まれます。ここでの活動は事務ボランティアです。支援を必要としている人や、支援者に送る冊子の準備をしたり、データを入力したりする簡単な作業です。仕事はいくらでもあり、できる限りのことをしようと誇りをもって行っています。

このような活動の中で、普通に高校生活をしていたら出会えなかっただろう人々と出会い、性別、年齢、職業、国籍を越えた仲間ができました。また、自分がどれほど無知かに気づきました。さらに私だからできることとして、昔の私のように苦しみ、もがいている若者達の力になりたいと考えるようになりました。私は料理やお菓子づくりが好きなので、いつか渋谷に小さなカフェを開き、若者と大人が交流する、安心できる居場所をつくりたいです。また、社会的に困っている人々の支援もしていきたく、さらにそれを若者たちと共にすることが、私の夢です。

この先、もっと多くのことを知るために、大学で学びたいと思っています。そして、将来、社会的に困っている人を支えられる大人になるために、多くの人と関わり、現場で体感することを大切にしながら、さまざまな活動や経験をしたいです。社会の中での人の心の動きを考え、問題の原因を突き止めて行動できる大人になるために、貴学の社会学科への入学を志望します。——

2年前、農園タイムスに「のうえん。楽しかった。虫。」としか書けなかった私が、ここまで文章を書けるようになっていた。この志願理由書に書いた想いを胸に、私はこの後4年間の大学生活を送ることとなり、今でもこのときと同じ想いをもっている。

阿蘇さんの教え

阿蘇さんは、私を「私」として見てくれる、はじめての大人だった。表面的な姿だけでない「私」に向き合ってくれたから信頼することができたし、阿蘇さんがありのままの姿を見せてくれているような気がしていたから、私もありのままの自分でいることができた。よく、不登校や引きこもりに関する議論で「そういう子どもたちに必要なのは彼らを受け入れることや、彼らと向き合ってくれる存在だ」というようなことが言われるが、「受け入れる」とか「向き合う」とはどんなことだろうか。実際に何か困難を抱えている子どもを目の前にして、その子を受け入れたり向き合ったりしようと思ったとき、どうするだろうか。

「受け入れる」とか「向き合う」とは、ただその人の存在を許したり認めたりすることではない、と私は考えている。何かを「してあげる」というスタンスではなく、その人と個人として向き合い、一緒に考えたり一緒に過ごしたりすることが重要なのだ。誰かと向き合うためには、自分のことも解放して相手に向き合うことが大切で、そうして互いのことを理解していくステップの繰り返しが、相手を受け入れることにつながる。

阿蘇さんは、生徒に対して、教えるとか導くとか、そういう態度ではなかった。たしかに、農作業のやり方や社会で起きているさまざまなことについて教えてはくれたけれど、その前や後に必ず、それに関連する事柄について一緒に見たり聞いたり、考えたりしてくれた。いつでも一緒に経験してくれて、一緒に学んでくれた。そして、さらにその学びの共有の場をつくってくれた。当時の私にとっては、新しい世界への旅を一緒にしてくれたような感覚だった。大学入学前の3月、農園の卒業式で阿蘇さんは「ここでの経験が、きっといつかどこかで何かの糧になることでしょう」と言っていた。

「阿蘇さんに教えてもらったことはあるか」と聞かれると、私はすぐに答えることはできない。阿蘇さんが私に「教えてくれたこと」は何もなかったのかもしれない。しかし、私にたくさんの出会いをつくってくれて、その出会いからさまざまなことを学ばせてくれた。出会いの場、学びの場、語りの場、自分と向き合う場や自己表現の場をつくることで、誰かに「教わる」のではなく、自分たちで「学べる」機会をたくさんつくってくれた。そして、その繰り返しの中で阿蘇さんは、私たちに何かあったときに相談できるような大人や友人、支えたり助けたりし合える仲間をつくってくれた。

阿蘇さんは〝難民高校生〟だった私に、さまざまな経験や出会いを通して、「人間関係の溜め」や「精神的な溜め」をつくってくれたのだ。

私だからできること

憧れの大学生活

２００９年4月、私は大学生になった。

4年ぶりの学生生活、最初の半年は9時15分からはじまる1限の授業に間に合うように毎朝起きるのが一番辛かった。しかし、ここでしっかり勉強をして、「なんとかしたい！」と思うことに直面したとき、その「何か」をできる大人になるんだ、という思いで私は必死に大学に通い、一生懸命に授業を聞いた。

私が大学に入学して一番驚いたのは、授業中におしゃべりをしている学生がたくさんいることだった。高校時代は授業中の私語は先生に注意されたし、コスモでは授業を聞きたくない人は授業に出ないのが普通だったので、大学生がなぜわざわざ教室まで来ておしゃべりをしているのかが不思議だった。私は、一度さぼったら大学に通うのが面倒になってまた中退してしまうかもしれないという自信のなさもあって、はじめの1年間は何があってもほとんど休まず学校に通った。

何かのサークルに入ろうかと思ったこともあったが、新入生歓迎会の時期に「今しかできないから」と飲み会でコールをかけて一気飲みをしてどんちゃん騒ぎをするような学生たちに、私は少し引いていた。私はそういう世界から卒業して大学に来たつもりだったのに、憧れていた大学生が、私が大学入学前にしていた遊びや飲み方をしている姿が衝撃的だった。飲み会に限らず、学校の中でもいつも一緒にお昼を食べたり授業を受けたりしなければならないような仲よしグループをつくって固まっている学生たちに、「うわべ」の付き合いをしている人が多いことを感じて驚いた。私と違って高校時代に一生懸命勉強をして大学に入学したであろう学生たちが大学生活を私の高校時代のように過ごしていることに違和感があり、私は他の学生たちと距離を置いてサークルにも入らず、一人で過ごしていた。

「高校を中退している私は他の学生より勉強ができない」と思い、とにかく毎回しっかり授業を受けた。すると、大学1年生の終わりに、なんと「学業優秀賞」を受賞した。4年ぶりに誰かに成績を付けられることに緊張していた私は、その結果を知ったとき、複雑な気持ちだった。

それまで、高校を中退していることで「負け組」と言われ、大学に入ってからも同級生と高校時代の話になったときに「私、高校辞めてるんだよね」と言うと、「よくそれで大学入れたね」とか、「高校辞めたのに大学に入るなんてすごいね」と言われ、そのたびに少しバカにされているような気がしてむっとしていた。そんな「高校中退」の私が憧れの大学生活で１年目にして学業優秀だと言われるなんて、なんだかショックだった。

このとき、コスモ生の頃に憧れていた大学に対するイメージが一気に崩れると同時に、大学で学ぶことの意味を改めて考えさせられた。このまま大学生活を続けても、入学時に思い描いていた「何かあったときに動ける人」になれるとは思えず、大学で勉強する意味はあるのかと悩んだ。辞めてしまいたいとも何度も思ったが、また辞めてしまっては両親や祖母などの期待を裏切ることになると思い、学生生活を続けた。

だんだん授業の手の抜き方がわかるようになると、学生生活に物足りなさを感じるようになった。阿蘇さんに近況を報告すると「大学は与えられた勉強をする場ではなく、自分で学んでいく必要がある」と言われた。高校中退時に、所属や肩書に守られていることのありがたさと強さを知っていた私は、せっかく「学生」という立場にあって時間も自由に使える今、大学生活をただ机の上で勉強する場としてではなく、活動しながら学んでいく挑戦の時期として考えるようになった。興味をもったことがあれば、なんでも一歩踏み出してやってみることにしようと思った。

そんな大学1年生の冬、喫煙所でちょっといかつい先輩にタバコの火を借りたことがきっかけで、私は国際協力活動をするボランティアサークルに入ることとなった。そのとき火を貸してくれた先輩はちょうど私が興味をもって見学に行こうかと迷っていたサークルの代表を務めていたのだ。先輩は自分たちの活動について熱く語ってくれ、本気で取り組みたいなら見学に来るようにと少し強引に誘ってくれた。私はすぐに見学に行き、そのサークルで活動することとなった。

私が活動していたのはアメリカに本部を置き世界の貧困問題解決のために活動するNGO「Habitat for Humanity」の日本学生支部として活動していたサークルで、先輩はいろいろなことを教えてくれた。私は、フィリピンの小さな村で行っていた女性たちの自立支援を目的とするプロジェクトに取り組んだ。活動を続ける中で、私は本気になればなるほど活動の難しさに直面した。貧困の中で生きる人たちと向き合うたび、本気でこの現状をどうにかしたいと思うなら、もっと高度な知識や英語力が必要だと実感した。しかし、英語の勉強や知識の取得には気持ちが入らなかった。

当時は、そんな中途半端な気持ちで自分が誰かの人生に関わるのはよくないのではないか、などと生意気なことを考えたりしていたのだが、大学2年生の春休みに活動先のネパールで出会った一人のお父さんの一言で、私の気持ちは変わった。

幸せの意味

ネパールでは「Habitat for Humanity」の活動の軸である建築活動に参加した。住宅を必要とする家族にその建築コストを無利子・無担保で長期間融資し、少額ずつ時間をかけて自力で返済していける環境をつくるという活動で、融資を受ける家族はローンを返済する他に自ら約300〜600時間の現場作業をボランティアと一緒に行うことで、市場価格よりずっと安く住宅を手に入れることができる、というしくみだ。私は12人の学生たちと2週間ネパールに滞在し、ボランティアとして建築活動に加わった。

私たちは家の土台づくりから手伝い、砂や水をバケツリレーの要領で運び、スコップで粉にその砂と水を混ぜてセメントをつくり、土台となる部分に大きな石やジャリを大量に敷き詰めて固める作業などを、現地の人々と一緒にすべて手作業で行った。活動を通して、私たちはその家に住む予定のネパール人一家と仲よくなった。彼らとは言葉は通じなかったけれど、ジェスチャーで会話したり、一緒に作業をすることで関係を深めた。現地での活動を終えて日本に帰る前、私たちは通訳を通してその家のお父さんにインタビューをした。現在の仕事の状況や教育の問題について、家族のことやカースト制や宗教にまつわる事柄についてなどさまざまな質問をしたのだが、最後に聞いた「あなたにとっての幸せとは何ですか？　あなたは今幸せですか？」という質問へのお父さんの答えが忘れられない。

「私たちは、お金もないし、日本と違って貧しいけど
家族がいて、あなたたちが来てくれて、それだけで幸せだよ。
We are〝トゥーロパリワール〟」

〝トゥーロパリワール〟。
現地語で「大家族」という意味だ。高校時代、自分一人で生きて行こうと思っていた私は、ネパールのお父さんに「僕たちは家族だ」と言われたことが幸せで、なんだか涙が溢れそうになった。お父さんは「家ができれば、安心して過ごせる拠点ができる。そうすればそこから子どもたちを学校に通わせることができる」とも話した。私にとって家は、この頃もまだ安心して過ごせたり、眠ったりできる場所ではなかった。だからこそ、アルバイトと国際支援の活動で毎日夜遅くまでスケジュールを埋めて、家にいる時間を少なくしていた。私はネパールで暮らす人々のような笑顔で笑うこと

ができなかった。私は貧しいながらも笑顔で自分は幸せだと語るお父さんの言葉に、幸せの意味を考えた。そして、高校生の頃から、嫌なことや辛いことがあったとき、自分に言い聞かせるように部屋の壁にかけていた「しあわせはいつも　じぶんのこころがきめる」という相田みつをの言葉を自分に言い聞かせた。

難民女子高生のその後

海外で活動する一方で、私は未だ数年前と変わらない状況や状態で生きている友人たちのことがずっと気になっていた。

16歳のときにDV男を好きになり、彼と別れたあとからリストカットをしたりホストクラブ通いをするようになって、彼を失った寂しさを埋めるためにどんな男とも簡単に寝るようになってしまった美紀から、「入院した」との連絡が入った。19歳になった彼女は自殺未遂をしたらしい。昔から「死にたい、死にたい」と言っていた彼女はホストの男たちと飲んでいて「こんな世の中で生きていても仕方がない」という話になり、その場で集団自殺しようということになり、「切腹」と言ってナイフで自分のお腹を刺したそうだ。大事に至ることはなく、傷が治ってからは精神科に移されて入院しているらしかった。美紀は大学卒業後、「やりたいこともないし、どうせ私なんてどこにも就職できないから」と就職せずに「私にできることなんてこれくらいしかない」と水商売をはじめていた。「水商売だけはやめときなよ。抜け出せなくなって、どんどん落ちてくよ」と言う私に「もう抜け出せなくなってるよ。とりあえず、今生きていければいいの。私なんてもうだいぶ落ちてるよ」と言った彼女の顔はとても寂しそうだった。

拒食と過食を繰り返していた佐奈とはいつの間にか疎遠になってしまい、今彼女がどこで何をしているのか、私は知らない。

年上の男に弄ばれていた真衣は、高校卒業後、専門学校に進学した。20歳になった頃、久しぶりに連絡をとると、何があったのかは知らないが変な男に付きまとわれて東京の実家にいられなくなって、田舎のおばあちゃんの家に避難している、と言っていた。

高校を中退して彼氏の実家について行った梨花は、またすぐに群馬での生活が耐えられなくなり、東京に戻ってきた。彼女が約1カ月ぶりに東京の実家に帰ると母親が見知らぬ男と住んでいたらしく、彼女の居場所は本当に失くなっていた。彼女は一人暮らしの男の家を転々と泊まり歩きながら、キャバクラでバイトをはじめた。寂しさを埋めるために彼女もホスト通いをするようになり、ホストクラブを経営している男と付き合うようになった。そして、彼のホストクラブでお金を使い込み、お店にツケをつくった彼女は、その借金を返すため、彼の勧めで風俗で働きはじめた。彼女は「彼のために自分は働いている」と友人に話していたらしい。彼女が心からそう思っているのなら本人はそれで幸せなのかもしれないけれど、高校時代、好きな男に振られたことが悲しくて泣いていた彼女が今は風俗で働き、露出度の高い服を着て歌舞伎町でホスト風の男たちに肩車されながら大声で何か叫んだりゲラゲラ笑ったりしていた、という噂を聞くと、彼女が今幸せだと信じることはできない。

「死にたい、死にたい」といつも言っていた桃は、無事高校を卒業し大学に進学することになったけれど、大学生になってからもOD（オーバードーズ）をして救急車で運ばれたり、今でも「死にたい」とツイッターに書いたりしている。

誰の子かわからない子を妊娠し、中絶をした百合は、その後、私たちの周りの誰にも姿を見せなくなった。一応高校は卒業することができたようで、卒業後は知人の紹介でショップ店員のアルバイトをしていたけれど続かず、結局キャバクラやガールズバーを転々としながら働いている、という噂があった。しかし、私たちが20歳になった頃、彼女が出ているビデオを友人が見つけた。彼女はいつの間にかAV女優になっていた。

私は「溜め」を持たないまま今を生きるのに精一杯でいる彼女たちの状況や状態を気にかけながら大学生活を送っていた。だけど、同年代の私が彼女たちにできることはなかった。今まで通り、友人として関係を続けること以外、何もできなかった。もちろん、彼女たちの状態や状況がこれから変わっていく可能性はあると思っているが、今のところ彼女たちは、高校時代とあまり変わらない生活を続け、「世の中なんてこんなもんだ」「自分にはこういう生き方しかできない」と言っている。

若者と社会をつなぐきっかけの場づくり

振り返ってみると、私の原点は渋谷での日々と、コスモでの出会いだった。狭い「自分たちだけの世界」で生きていた私は高校を辞めたあと、さまざまな出会いを通して、外の世界のことを知り、視野が広がった。そして、目的をもって大学にも進学することができ、大学生活を通してさまざまな経験をして「幸せ」だと思える今があることに、改めて気づいた。進学できたのは、親が私に教育を受けさせたいと思ってくれていたことや、学費の援助をしてくれたことも大きかった。

その一方で、渋谷で一緒に過ごした友人たちとの間には、この数年間で大きな違いが生まれていることを感じていた。高校時代、私と友人たちは同じような人生、同じような〝難民高校生活〟を送っていたつもりだった。しかし、平行に並んでいたはずの私たちの人生は、いつの間にか大きく分かれてしまっていた。自分と他人の人生は別のものなのだからそれは当たり前なのだけれど、友人たちは幸せそうには見えなかった。高校時代と変わらず、「自分は幸せではない」「自分は幸せになんかなれない」と言う人も多い。DV男の子どもを妊娠し、働いていたキャバクラを辞めなければならなくなり、家賃が支払えなくなったので男と同居したけれどお腹を蹴られ続けている友人や、恫喝や振り込め詐欺に関わったり、女子高生に性的なサービスをさせる違法の風俗店経営に関わって逮捕されたりした人もいる。私もありのままの自分を受け入れ、向き合ってくれる大人との出会いがなければ、今頃風俗で働き、そこから抜け出せなくなったり、犯罪に手を染めていたかもしれないと本気で思うし、そうしたら今、幸せではなかったと思う。

しかし、国際支援の活動仲間たちに、高校時代の経験や、日本にも暴力や貧困を背景に孤立したり、学校に通えなかったりしている中高生がいることを話しても、実感がわかないようだった。発展途上国で出会う貧しい人たちには手を差し伸べようとするのに、日本にいる同じような状況の人たちについては家庭や個人の問題として、「自己責任」と捉える人が少なくなかった。そういう現状は、社会に知られていないのだと気づいた。そして、渋谷時代の親友ゆかとした約束を思い出した。

「将来うちらのことを見下すような大人じゃなくて、まともな大人になって、今のうちらみたいな子たちを助けられるようになろう」

16歳の夏、私はゆかとそんな約束をした。

このことを思い出した私は、今を生きる高校生たちが数年後、かつての友人たちが今陥っている「もがいてもどうにもできない」状態に陥らないために、できることをしたいと思った。「私だからできること」がそこにあると思った。

私だからできること。

それが何なのかはっきりとわかっているわけではなかったけれど、とにかく私は、高校生たちにこの世界のすべてが「夢も希望もない社会」じゃないんだということや、自分にできることはあるんだということを、一緒に感じたり、一緒に考えたいと思った。あのような高校時代を過ごした私だからわかることや言えることがあるのなら、それを伝えていきたいと思った。

私は活動の場を、国際協力から高校生を対象としたものに変えていった。高校生のキャリア教育を行うＮＰＯの活動に参加したり、高校の授業の運営に関わる大学生や進路ガイダンスを設計している会社から依頼されてさまざまな高校のキャリアや奉仕の授業などで、講演活動を行ったりした。

これまでの自分の経験や高校生の頃考えていたこと、そのあとなぜ大学に進学したのか、どのような大学生活を送り、国際協力活動を通してどのようなことを学んだのかといったことを話しながら、高校生の質問や相談に応じた。

また、私は大学生になる前から数年間、渋谷にある女子高生のトレンドリサーチをするマーケティング会社の事務をしており、渋谷の女子高生たちとの関わりをもち続けていた。彼女たちから恋愛や受験の相談をされることもあったし、海外やボランティアに興味があるから話を聞きたい、と言われることもあった。大人たちからすると、きっと彼女たちもただの「渋谷のギャル」で、一見ボランティアとか国際協力とか社会的なことには興味がなさそうに見えるかもしれない。しかし、そんな高校生も、私が海外で活動しているらしいと知ると、「ゆめちゃん、大学でどんなことしてるの？」「フィリピンって、どんなとこ？」と聞いてくる。そして、私が現地での写真を見せたり、「ネパールでは現地の空港について飛行機を降りた瞬間にカレーの匂いがした」と言ったりすると、一生懸命に話を聞いてくれる。

私は、高校生が何かに興味をもったとき、それを一緒に広げてくれる大人がいるといいと思っている。しかし、高校生の「ちょっと気になるかも」というくらいの興味を深めたり広げたりするきっかけの場は、高校生活の中では少ない。だから、私は若者と社会をつなぐきっかけの場づくりをしたいと思った。

大学生の最強ファッションショー

そうした想いから、若者と社会をつなぐきっかけの場づくりの第一歩として、私は大学2年生の終わりに、若者向けのフェアトレードファッションショー「ハビ☆コレ」を企画した。

「高校生や大学生が楽しみながら世界の現状を知る」ことを目的としたこのイベントのキャッチコピーは「あなたの一歩で世界は変わる⁉ 大学生がつくる最強ファッションショー」。バレンタインを目前にした2011年の2月10日に原宿の大通りに面したホールを借りて行った。フェアトレードとか国際協力という言葉を押し出すのではなく、「面白そう」とか「楽しそう」という理由で会場に足を運んでもらえるように工夫した。国際協力活動に取り組むさまざまな大学の学生たち約30名と一緒に企画を練り、女子高生に人気の読者モデルなどに出演依頼をした。

フェアトレードやCSRとして国際協力に取り組んでいる企業やNGO、服飾の専門学校を訪ね、物資や資金の協賛を募った。会場の入口にはハーブとアロマの専門店「生活の木」のアロマを焚き、ファッションショーは、「People Tree」や「シャプラニール」「第三世界ショップ」などのフェアトレードブランドに提供してもらった服をモデルの私服と交えてコーディネートした。ショーの合間には、国際協力活動に取り組む大学生と、高校生に人気の読者モデルによるトークショーを行ったり、劣悪な労働環境の中で働く世界の人々の姿や貧困問題解決に向けた大学生の活動を映像で紹介した。また、「THE BODY SHOP」のフェアトレード化粧品を使ったメイクショーや女子高生の変身・告白企画もショーの合間に挟んだ。

メイクショーでは、事前にスカウトした女子高生にステージ上でプロのメイクさんが顔の左半分をメイクする。その後、女子高生はステージ裏でメイクを完成させ、イベントの最後に真っ白なドレスを着て登場する。そのドレスはフェアトレードブランドから提供してもらったドレスを、服飾の専門学校生がミニスカートの華やかなウェディングドレス風にアレンジしたものだ。イベントの後半で変身して登場した女子高生は、手にフェアトレードチョコの入った小さな箱をもっており、実は会場に彼氏が来ている、というストーリー。バレンタインの告白企画ということで、会場でショーを見守っていた彼氏にスポットライトを当ててステージに上がってもらい、彼女が彼にラブレターを読んで最後にチョコを渡す、という演出をした。

会場には、「チョコを選べば世界は変わる」を合言葉に活動する団体から提供されたフェアトレードのチョコの試食ブースや国際協力活動を行う大学生が活動を紹介するブースも設けた。来場者にはお土産として、協賛企業のフェアトレードの石鹸やボディークリームの試供品などを配った。

このイベントは新聞やネットニュースなどのメディアで取り上げられ、当日は高校生と大学生を中心に300人近くの若者が来場し、会場を盛り上げた。

イベントの30万円ほどの収益は、住居を必要としている家庭の住居建築資金に充て、その年の夏、イベントスタッフが中心となって大学生の参加者を募り、インドネシアに行って一軒の家を建てた。

イベント終了時に回収したアンケートには、来場した高校生から、こんな感想が寄せられた。

「世界には大変な思いをしている人がいることを知り、自分にできることから何かしたいなと思いました！」

「自分にも何かできると思った。楽しみながらいいことができるとよいと思いました」

「すごく楽しかったです。楽しく学べてよかったです！」

「国際協力に興味がもてた。これからも人に伝わる企画をやってほしいです」

このイベントのテーマは「Love×Action」。一人ひとりが想いをもって行動することで世界は変わるはずだ、というメッセージを伝えたかった。また、高校生に「こういう活動をしている大学生がいるんだ」と知ってもらったり、イベントを通して世界の現状に触れて何かを感じたり、自分にできることを考えたり、何らかの「きっかけの場」になったらいいな、という想いがあった。それが、大学２年生の私の「私だからできること」だった。

大人と若者をつなぐことの意義

そんな私でも、「えー、まさかこの子がボランティアに興味をもつなんて」と、ギャルっぽい女子高生を前にして思ってしまったことがあるのだから、「若者」に目を向ける機会のなかった人たちにとってはもっとそうだろう。しかし、「ハピ☆コレ」の経験を通じて、私は高校生と大学生、そして大人をつなぐことの意義を改めて感じることができた。

ふだん関わることの少ない大人と若者が一緒に何かをすることで、若者は視野を広げることができるし、それは大人が「若者」を理解するきっかけにもなるはずだ。そして、そのことが高校時代に私が感じていた、夢も希望もない絶望社会に若者たちが陥ることを防いだり、そこから抜け出したりすることにつながるとも考えていた。

そんなとき、東日本大震災が起きた。

「ハピ☆コレ」の実施からちょうど1カ月後の3月11日だった。

第4章

被災地で出会った中高生のリアル

3・11、そのとき

2011年3月11日14時46分、東日本大震災が発生。

そのとき、みなさんは、どこで何をしていただろうか。

私は家から電車で1時間ほど離れたとある駅前のカフェに友人といた。

東京は震度5強。大きな揺れに私は怯えた。揺れがおさまるとカフェを出て状況を確認する。電車は止まり、駅の周りにはたくさんの人が戸惑いを隠せない様子で集まっており、ざわざわとした雰囲気が漂っていた。家族は無事だろうか、家で留守番させている愛犬は大丈夫だろうか、心配になった。携帯電話がつながりにくい状況の中、なんとか母と連絡をとることができてお互いの無事を知り、近くにいた人から「震源地は東北らしい」という情報を聞いた。福島にいる友人は大丈夫だろうか、宇都宮にいる父や茨城の農園は大丈夫だろうか。そんな心配をしながら、私は続く余震に恐怖を感じていた。早く家に帰りたかったが電車は動かず、道路は車で大混雑。タクシー乗り場にも大渋滞ができている。このとき、首都圏では地震発生時の外出者の3分の1にあたる515万人が当日自宅に帰れない帰宅困難者となって街に溢れていたと、後で聞いた。私たちは歩いて帰るには遠すぎる場所にいたので、ひとまず近くのファミレスで待機した。しかし、２時間ほど経っても状況は変わりそうにない。「ここにいても仕方がない」と大きな駅に出るために１、２時間ほど歩いた。途中、父の無事を知ると同時に福島で原発事故が起こっていることを知った。

19時頃、少し大きな駅に出た。この駅の周辺も帰宅困難者で溢れていた。改札の前ではＪＲの駅員が電車の運転を終日見合わせたことを知らせていた。居酒屋でもネットカフェでもファミレスでもいい。私たちは、寒さに耐えながらどこか一夜を明かせる場所がないかと探した。しかし、多くの店が閉店しており、営業を続けている店も満席だったり、新たな客の入店を断ったりしていた。20時頃、私たちはようやく営業を続けていた駅前のファーストフード店に入ることができ、足を休めた。携帯で情報を調べると、どうやら東北地方に大きな津波が来て大変なことになっているらしい。お台場で火事が起き、東北から関東にかけて広い地域でたくさん地震の被害が出ているらしいということがわかった。大変なことが起きている。ただ、それだけのことがわかった。

23時頃、避難していたファーストフード店が閉店することが決まり、外に出なければならなくなった。私たちは都内の学校が避難所になっている、という情報を得て近くの中学校に行き、毛布を借りてそこで一夜を過ごすことになった。余震は一晩中続き、冷え切った体育館の中には窓ガラスががたがたと揺れる音だけが響いていた。私はツイッターなどのネットに流れる情報に混乱し、何が起きているのか把握することもできず、不安で眠れなかった。携帯の回線状況がよくなると友人たちとメールや電話で安否を確認し合い、励まし合いながら一夜を過ごした。夜、職場から自宅まで6時間ほど歩いて帰宅した母から連絡をもらい、愛犬の無事を知った。東京の都心部にある私の自宅でも、母が帰宅してみると地震の揺れで電子レンジが棚から落ちていたらしい。

翌日、電車の運転が再開し、私は午後に自宅に帰ることができた。帰宅後、テレビをつけて、はじめて東北地方で何が起こっているのか知った。テレビには1日中、町に押し寄せてくる大きな津波の映像や火の海となった気仙沼の映像が流れ続け、被害状況が中継されていた。テレビから流れる映像に、私は息をのんだ。海外の知人たちから心配のメールをもらい、海外でもトップニュースになっていることを知った。テレビでは、首都圏で水や食料の不足が起きていることも報道されていた。近所のスーパーやコンビニに行ってみると本当に水や菓子パン、カップ麵などの保存食が売り切れていて、一人暮らしをしている祖母が心配になった。私は翌日食料を買って祖母の家に顔を出した。一方、宇都宮に住んでいる父はもっと大変な状況だったようで、震災後、水や電気が止まり、食べものもなかなか確保できずに苦労したそうだ。大震災発生から2日経っても3日経っても、大きな余震は続いた。度重なる余震に、携帯の緊急地震速報が鳴り、そのたびに我が家の犬は恐怖で震え、私の心拍数も上がった。余震が来るたび、新たな被害がないことを願った。テレビでは変わらず津波の映像が流れ続け、テレビをつけることが怖くなった。被災地の状況に目を向けるのが怖かった。

震災発生から1週間、まだ続く余震にも体が慣れ、東京での生活は落ち着いてきていた。メディアで報道されている被災地の状況をまだ理解することができず、避難所から中継されていた被災地の方々の様子にただ胸が痛んだ。私はこれまで目にしたことのない大災害に「自分にできることなんてない」と思っていた。一方、震災発生の翌日から、私はこれまで出会った学生やNPO関係者などから「復興支援のためのプロジェクトの立ち上げに協力してくれないか」「募金活動をはじめないか」といった話をいくつかもちかけられていた。しかし、私は自分が何をすべきなのか、自分に何かできるのか、今自分がもっている情報と今の自分の状態では判断できないと思って、すべてを断っていた。いつか現地に行って自分の目で見て考えたいと思いながらも、バイトに行ったり友人と会ったり、震災前と変わらない生活を送ろうとしていた。

震災発生から2週間が経った頃、友人から「被災地にニーズ調査のボランティアに行く」という連絡をもらった。「ニーズ調査」という言葉を聞いたとき、「私も行きたい！」と思った。誰かの役に立ちたいとか支援したいというよりも、「それなら私にもできるのではないか」と思えたことや、なにより「現地を見てみたい」「現地の方々と話してみたい」という想いから、すぐに参加を申し出た。

何が起きているのか、自分に何ができるのか、できることなんてあるのか。わからないけれど、だからこそ「とりあえず行ってみよう」と思った。「何事もやってみなきゃわかんない」。これまで何度も実感してきたこの言葉を思い出し、まずは現地に行き、そこでできることをしてみようと思った。

被災直後の宮城県石巻市へ

震災発生から約3週間後の4月頭。私は宮城県石巻市に到着した。

町には、半壊・全壊の家が立ち並び、道路には大きな船や電柱が横たわっていたり、山のふもとには倒れたままの車が山積みに重なったりしていた。海岸では家が海に浮いたままになっていたり、畑には誰かに飼育されていたのであろう牛の死体が横たわっていたり、遺体捜索もさかんに行われていた。津波によって流された車や「がれき」が学校の校庭やスーパー、パチンコ店や墓地などさまざまなところに山積みになっていた。道路は町中に広がったその「がれき」を自衛隊が左右にかき集めて道をあけ、なんとか車1台が通れるようにした状態で、石巻市街地の道路の左右には数メートルの高さまでその「がれき」が積み重なっていた。

メディアや被災地の外の人々が当たり前のように「がれき」と呼んでいたそれは、その一つひとつに目を向けてみると、とても「がれき」とは呼べないようなものばかりだった。落ちている木は誰かの家の大黒柱だったのかもしれないし、家族が囲んだダイニングテーブルの脚だったかもしれない。漁をするための道具や子どもたちが大事にしていたであろう人形やランドセル、女子高生のプリクラ帳、3月10日で止まったお母さんの家計簿や結婚式のアルバム、何かの賞状なども落ちていて、とても「がれき」とは思えなかった。現地に足を運び、その様子を目の当たりにしても、現実のものとは思えないような状況だった。私には想像できないことが起きていた。

まだまだ大きな余震も続いており、4月7日23時32分、私も現地でマグニチュード7・1、震度6強の余震を経験した。当時、登米市にあるお寺に滞在させてもらっていたが、電気も水も止まり、一瞬であたりは真っ暗になった。携帯もつながりにくく何の情報も得ることのできない中、東京の家族や友人から「大丈夫⁉」と心配するメールや「津波警報が出てるよ！」という連絡をもらい、その後、防災無線から津波の可能性を知らせる警報が流れた。その日の余震は本当に怖かった。しかし、3・11の揺れを体験した方々は「あの日はこんなもんじゃなかった」と口を揃えて言っていた。

生まれてはじめて訪れた宮城県。現地の4月は東北の冬を知らない私にとってはとても寒く、冬用の肌着を重ね着し、背中にホカロンを貼り、ダウンのロングコートを着て活動していた。私がボランティアとして参加したのは、「つなプロ」というプロジェクト。宮城県内の全避難所を回り、被災者からニーズを聞き出し、そのニーズに合わせて物資を届けたり、関東・関西のNPOやNGOの支援につなげたりする、という活動だった。私の担当は石巻市を中心とするエリア。1日5、6カ所の避難所を回り、現地の方から話を聞く。「毛布が足りない」「発電機がほしい」「給水や炊き出しがこない」「高齢者用のおむつがない」など、不足している物資や支援、避難所の衛生環境や避難者の健康状態、運営管理体制など、日々変化していく現状とニーズを聞き取り、支援につなげた。

避難所となっていた小学校では、私は体育館の端っこに置かれたストーブの周りに集まって暖をとっている漁師のおじちゃんたちと話してみたり、教室に避難していたおばちゃんたちのお茶会（といっても支援物資のわずかなお菓子とペットボトル飲料を囲んだだけの簡単なものだが）に参加させてもらったりしながら、それぞれの状況を聞いた。漁師のおじちゃんの「家も船も流されちゃったからねえ。これからどう生活していこうかねえ」というつぶやきや、避難生活に対するおばちゃんたちの不満や不安の声を聞いた。

それと同時に、私は避難者の方々の力強さも感じていた。

ホタテの養殖をしている漁師のおじちゃんが、津波で海岸に打ち上げられた船やホタテの稚貝を眺めながら、タバコをくわえて言った。

「ほんとは、ものすごい綺麗な海だったんだけどねえ。お姉ちゃんにもこの海が綺麗なときに見せてやりたかった。いつになるかはまだわかんねえけど、必ず俺は海でまた仕事する。おいしいホタテをつくるから、そのときには食べにおいで」

そう言ったおじちゃんの横顔はかっこよかった。

避難所でお茶会中のおばちゃんたちは言った。

「ただ悲しんでたって仕方がないし、帰る家も流されちゃったんだから、しばらくここにお世話にならなきゃならないんだし、だったらみんなで協力して、仲よく明るくやってったほうがいいでしょう。だからあたしたちは毎日ここでお茶会してるのよ」

「こうして若い子が東京から来てくれて、お話しできると楽しいわねえ。この部屋にはテレビもないし、テレビを見ても不安だらけだからねえ。みんなで集まっておしゃべりしてる時間が一番楽しいわね。あはは」

おばちゃんたちは、強い。

避難所で最高齢だった96歳のおばあちゃんが言った。

「これまでの人生苦しいこともたくさんあったけど、努力していればその何倍も幸せに恵まれてきた。あたしは96歳だけどねえ、まだ生きてるよ。あたしはもう腰が悪くて足も痛くて自由に動けないけど、あなたみたいな若い人はこうやって被災した町に来てみたり、いろいろな人に会ったり、若いうちにいろいろな経験をしておきなさい。健康には気をつけて長生きしなさいよ。私の歳を追い越してちょうだい。頑張ってね」

そう言って、握手をしてくれた。

ここにはたしかに巨大津波による大きな被害があって、人々は私には想像することもできない体験と想いをされていたのだろう。しかし、私はこうした一人ひとりの言葉に、ここで生きる人々の強さを感じていた。大きな津波の被害を受けてもなお、海やこの町とともに生きようとする人々と話すうちに、もっとこの地域のことが知りたくなった。はじめは１週間で東京に帰る予定だったが、もう少し石巻に残ろうと決めて活動を継続した。このとき、私は大学の春休み中だったのだが、計画停電の影響という理由で大学の授業開始が延期になったこともあり、ゴールデンウィーク明けまで活動を続けることができた。

避難所で出会った中高生のリアル

1カ月現地に滞在して避難所を回っているうちに、私はいくつかの避難所で中高生と仲よくなった。石巻に来る前から高校生と関わる機会をもっていた私は、渋谷を歩いているときと同じように避難所で出会う高校生たちの姿が気になって、高校生を見かけると挨拶をして、時間があればおしゃべりをした。おばちゃんたちが避難所でお茶会をしていたように、私は高校生たちとおしゃべりを楽しんでいた。

当時、避難所の多くは避難者の居住地域によって住み分けされていた。そのため、校区ごとに避難所に集まっている小中学生の場合、同じ避難所や近くの避難所に学校の友達がいることが多く、友達同士で遊んだり話したりできる環境にある人が多かった。一方、居住地域がバラバラな高校生たちは震災後、離れた避難先で過ごしており、友達に会うこともままならない状況にあった。また、思春期の高校生にとって知らない人と仲よくなることは簡単ではなく、避難先で知り合ってお茶会を開いてしまうおばちゃんたちとは違い、同じ避難所に同年代の子がいてもわざわざ知り合いになろうとはしないため、誰かと遊んだり話したりする時間をもちにくい状況にあった。だから、避難所には床に寝転がりつまらなそうにしている高校生、人のいない階段の隅で一人ぼーっと考え事をしている高校生、テレビのある部屋のイスに座ってずっと携帯をいじっている高校生など、一人でヒマそうにしている子をよく目にした。

私はそんな彼らに話しかけ、やがて世間話から恋バナ、将来のことまで話をする仲になった。私にとっても高校生たちとの時間は息抜きになっていたのかもしれない。毎日のように顔を出せるわけではなかったが、避難所の近くを通ったときや空いた時間に顔を出しておしゃべりするうちに、メールでやりとりをするようにもなった。

彼らとの関わりの中で、私は被災地の高校生たちの置かれた複雑な立場と状況に気づいていった。避難所で出会った高校生たちのリアルを少しお伝えしたい。

眠れない日々

4月14日、石巻市内の漁師町の避難所で一人の女の子と出会った。彼女の名前はユキ。入り組んだ海岸にある小さな漁師町で生まれ育った。震災発生時は中学3年生で、4月には高校の入学式を迎える予定だった。3月11日、巨大津波によって、彼女の住んでいた家は町ごと流されてしまった。

私がユキちゃんの住む避難所を訪れたのは震災から1カ月が過ぎたときのこと。その町の被害はとても大きく、ほとんどすべての家が全壊し、その残骸が大量のがれきとなって町中に積み重なっていた。高台にある避難所に行くまでの道もがれきでふさがれ、道路に電柱が落ちていたり、流されてきた家が道をふさいだりしていた。山の斜面に生えている木にも津波で流されてきた網やブイ、タオルや衣服などが引っかかっており、津波の猛威を目の当たりにして鳥肌が立った。

被害の大きい海沿いを通って山道を登ると、高台に公民館があり、ユキちゃんはそこで家族と避難生活を送っていた。その避難所に避難していたのは当時約15名。ほとんどが高齢者で未成年はユキちゃん一人。ユキちゃんは、避難所の掃除や避難者の人たちの手伝いを積極的にしていて、私が訪れたときも避難所の中まで案内してくれた。ユキちゃんと話していたとき、彼女はあくびをした。「眠いの？」と聞くと、「最近、眠れなくて」と彼女。「えっ？　寝てないの？」と言う私に、ユキちゃんは「ここ2、3日眠れてないんですよ」と言いながら、こう話してくれた。

「一人になると、津波の日のことを思い出して寝れなくなっちゃうんです」

「あの日、地震のあと、津波が来るぞーってなって、近所のおばあちゃんと一緒に山に逃げたんです。それで、一晩あの山でみんなで過ごしたんですけど、夜に雪が降ってきて、荷物も何ももってきてなかったんで、寒さで凍死しちゃったおばあちゃんがいて。

海にのまれた山の下のほうからは、『助けてくれー』っていう叫び声とか、車の中から助けを呼ぶ人がクラクションを鳴らす音が一晩中聞こえてて。でも真っ暗で何も見えなくて助けられなくて。時間が経つにつれてその声が小さくなっていって、クラクションの音もなくなっていって。その人たちはたぶん亡くなってしまったんだと思うんですけど、朝になったら町がこんなふうになってて。一人になるとそういうのを思い出しちゃって」

何も言えないでいる私を見てユキちゃんは苦笑いを浮かべて続けた。

「携帯も何日もつながらなかったから、誰にも連絡できなくて。あとから聞いたんですけど、『この地域の人たちは全員流された』っていう噂があったらしくて、友達もみんな、私が流されたと思ってたみたいなんですよ」

当時彼女が避難していた公民館は町の高台の見晴らしのよい場所にあった。一歩建物の外に出れば、まるまる津波にのみ込まれた生まれ故郷が目に飛び込んでくる。彼女は毎晩3月11日のことを思い出し、朝になって外に出ると変わり果てた町の様子を目にしていた。また、友達と携帯で連絡をとりたくても避難所は電波が入らない場所にあったため、電波が入る高台の下の方まで降りていかなければならなかった。彼女は毎日一人で高台の下まで降りていき、がれきの積まれたその場所で友人からのメールをチェックしながら、変わり果てた自分の故郷を見つめていた。

中高生に限らず、被災した方から「眠れない」という声は多く聞いた。被災していない私でも、現地で活動をはじめてから、津波に襲われる夢を見ることが何度もあった。

一人になれる場所も、泣ける場所もない

「眠れない」と話してくれた子は他にもいた。

震災から2カ月が経とうとしていた頃、地元の中高生たちと合宿をする機会があった。避難所で生活する人も津波の被害を免れた自宅の2階で生活を送っている人も親戚の家で暮らしている人も関係なく集まり、勉強したり遊んだり一緒にごはんをつくったりしてリフレッシュして、一緒にこれからのことを考えよう、という企画だった。

そこに、どこか高校時代の私と似ている雰囲気の女の子がいた。高校1年生のリナ

だ。ちょっとギャルっぽい女の子。一緒にお昼ごはんを食べたとき、私は彼女の服の袖からちらっと見えたリストカットの痕に気づき、気になっていた。15人ほどの中高生たちと1日を過ごしたその日の夜、就寝時間が過ぎてから、リナが別の部屋にいた私のところにやって来た。「どうしたの？」と聞く私にリナは、「実は、睡眠薬がないと寝られないんだよね」と答えた。そして、「なんか、寝ようとすると幻覚が見えるの」と、話を続けた。

「震災の日は中学の卒業式だったんだけど。そのあと、親友のミユと一緒にごはん食べて家に帰って、そしたらすぐ地震が来て。津波警報が出ていたから、親と一緒に近くの小学校に避難したの。ミユは地震が来たとき、まだ家に着いてなかったはずだから心配だったんだけど、地震のあともずっと連絡がつかなくて。1週間くらいしてから遺体が見つかったって連絡が来て……。地震の前、1時間前まで一緒にいた親友が流されたなんて信じられなくて。だから、お葬式には出なかったんだけど、その前の日にミユの家に会いに行って。それでも信じられなくて、涙も出なくて。

ミユが流されたって聞いてから、お地蔵さんの幻覚が見えるようになったり、黒い渦が自分を渦の中に引きこもうとしてくる感じがしたり、壁から手が出てくる幻覚が見えるようになっちゃって、寝られなくなったの。避難所の病院で睡眠薬もらったから、いつもはそれ飲んで寝てるんだけど、今日もってくるのを忘れちゃったから、寝られない」

そう話してくれたリナに、私は「じゃあ眠くなるまで付き合うよ」と言って、彼女の隣に座った。すると、リナは突然泣き出した。

「震災の話とかミユの話、誰かにしたの、はじめて。ずっと誰かに聞いてほしかったけど、友達ともそういう話はしにくいし、暗黙のルールみたいな感じでミユの話には誰も触れてなかったから、言えなかった。話したくても、話せる人がいない。避難所には友達とか、家族とか、知り合いのおじさんとか、知らない人もたくさんいて、一人になれる場所もないし、泣きたくても泣ける場所もない」

そう言ってリナは泣き続けた。

「避難所には、一人になれる場所もないし、泣ける場所もない」

私には、これまで彼女の中でぐっとこらえてきたものが、「もう限界です」と一気に溢れてきたように見えた。私は昼間から気になっていたリナの右手の傷を指し、「気になってたんだけど、それ、いつやったの?」と聞いた。リナは、「これは1週間前くらい。でも避難所にいるとリスカもできない。一人になれるときないし」と言って、「どういうときにしたくなるの？」と聞く私に、家族の話をしてくれた。
「なんか嫌なことがあると切りたくなっちゃう。家族も学校も全部嫌で、死にたいって思ったとき、リスカするとなんか落ち着くんだよね。うち、中学からあんまり学校行ってなかったんだけど、家にはママと弟がいつもいて居場所ないし。昔からパパはアルコール依存症でお酒飲むとおかしくなって帰ってきて、ママは鬱になって気狂ってて、弟は小学生なのに引きこもりだし、うちは中学ろくに行かずにふらふらしてるし、まじ終わってるよね。なんで自分は生きてるんだろう、生きてる意味とかないって思って、つらい死にたいってなったとき、リスカすると落ち着く。血見ると、生きてるーって感じする」

　彼女の話を聞いて、私は衝撃を受けた。言い方は悪いかもしれないが、それは「地方にもこういう子がいたんだ！」という気づきだった。彼女の置かれた状況や状態、彼女の抱える複雑な気持ちは、かつて〝難民高校生〟だった私や友人たちの状況や状態ととてもよく似ていた。決して都会とは言えないここにもかつての自分と同じような状況に置かれている高校生がいることを、この出会いをもって知った。

　しかし、都市と地方では環境が違う。東京にいれば家や学校に居場所がなくても、

（いいか悪いかは別として）他に逃げ場を見つけやすい。高校生でもできるバイトはいくらでもあるし、稼いだお金で街に行って遊ぶこともできる。家出をしても、渋谷や新宿などの街に出て人ごみに紛れてしまえば簡単には見つからない。出会いもたくさんあるので、自分と似たような境遇の若者たちとつるんだり、悩みを話したりすることもできる。私の〝難民高校生活〟はたしかに危険と隣り合わせの毎日だったが、それでも当時の私にとって、渋谷は最後の逃げ場であり、唯一の居場所だった。

一方、地方では、家出をするのも簡単なことではない。どこを歩いていても知り合いに見られているし、遊べるところといったら町に数軒あるカラオケか大型スーパーなどに限られている。バイトを見つけるのも大変だし、そうなると自由にできるお金もない。東京にはない「周囲を互いに見守る感じ」があると同時に、「いつでも見られている感覚」によって、逃げ場を見つけることができずに苦しんでいる若者がいた。

リナの場合は、そこにさらに震災による避難生活や友達の突然の死など、自分の力ではどうすることもできないことが重くのしかかっていた。震災後、リナだけでなく彼女の家族の状態もさらに不安定になる中、避難所では家族４人が身体をまるめて寝るのがやっとの狭いスペースで過ごさなければならなかった。震災前は自分の部屋にこもり、リストカットをすることで自分を保っていた彼女は、プライベートな空間も時間もない避難生活に限界を感じていた。弱音を吐きたくなっても、避難所で生活している周囲の大人たちの頑張りを見て「自分も頑張らなくては」と思い、震災前より元気をなくした自分の家族の姿を見ては「自分が頑張らなくては」と思っていた彼女は、だからこそ自分の悩みや辛さを誰にも話せなかったという。このときすでに約2カ月に及んでいた避難生活にリナは悲鳴を上げていたのだ。

リナと私はその後、私の高校時代の話、リナの高校生活の話、私が海外に行ったときの話、リナが好きなギャル雑誌のモデルの話、お互いのこれまでの恋愛の話など、2人でいろいろな話をした。24時を過ぎた頃、「絶対眠れない」と言っていたリナは「なんか眠くなってきたかも」と言いはじめ、意外にすんなりと寝てしまった。

翌朝、合宿に参加した中高生に、昨日の振り返りの日記を書いてもらった。リナはその日記にこんなことを書いていた。

「昨日はいろいろ話せて少しラクになった。
震災後全然寝られなかったのに、昨日はなぜかよく寝れた。
いつも起きると体調悪くなるのに、今日は体調も良い☆
昨日はたくさん笑顔にしてもらったから、私も人を笑顔にできる人になりたい」

私はリナに何かをしたわけではない。ただ、彼女のことを見て、彼女の話を聞き、数時間語り合っただけのことだ。たったそれだけのことなのに彼女は「少しラクになった」と言い、夜は眠ることができ、体調もよいと言った。この日記を読んで私は「私だからできること」がここにもあるような気がした。

都市であるとか、地方であるとか、被災した、していないということにかかわらず、かつての私のように居場所を失くした〝難民高校生〟やその予備軍たちがいるのなら、ここ被災地でもその問題に向き合っていくことが、私のできることだと思った。

避難所の一角でガールズトーク

他にも私を慕ってくれる女子中高生たちがいた。その子たちがいる避難所を私が訪れるたび、彼女たちは近所の友達を連れて来た。そして、避難所となっていた学校の校庭に置かれたテーブルの一角に集まって、私たちはガールズトークをした。ただそれだけのことだったのだが、ある日、その光景を見た一人の子の母親に、「あの子たちがこうやって楽しそうにしているのを、久しぶりに見た」と言われた。続けて、「こうやってみんなでわいわいやれる時間が、震災後あまりなかったでしょ。でもこうして楽しそうにしてる時間があの子たちを明るくしてくれてるし、お姉さんと話ができると嬉しいみたい。あなたもボランティアの活動で大変な中、来てくれてありがとうね」

そう言ってくれた。

私は、彼女たちとのガールズトークの中から、被災地の高校生たちのさらに複雑な状況や想いを知ることとなった。

5月、避難所で彼女たちと話をしていると、余震が起きた。この頃には震度3程度の揺れには私ももう慣れっこで、みんな「また余震⁉　もうやだー」と、うんざりした様子で言っていた。揺れがおさまってから、「そういえば地震のとき、みんなどこにいたの？」と聞くと、彼女たちは震災直後からの生活を振り返り、こんな話をしてくれた。

「地震が来たとき、うちら、プリ機の中にいたんだよ！　超揺れてやばかったよね。ショッピングモールの中にはパニックになってる人もいて、それ見て逆にパニクって体動かなくなったよね。でもほんとに津波が来るなんて思わなかった」

「あの日、終業式だったから、うち、クラスで集合写真撮ったんだよー。でもそのあと津波が来てミサトが流されちゃって。あれが最後の写真だったのに、地震が来て逃げるときそのカメラ、家に置いてきちゃったから、家と一緒に流されちゃった」

「そうだよー。うちも家にあったプリ帳全部流されたから、ミサトとの思い出、なんも残ってないじゃん。なんかミサトのこと思い出すと涙出そうになる」

「うちもプリ帳流されたけど、この1冊だけがれきの中に残ってて、お母さんが見つけて来てくれて。びちょびちょに濡れてたんだけど、なんとか乾かしたらこうなった」

「今度から写真とかちゃんと撮っとこう」

「震災後転校しちゃった子もいるしね」

「てかさ、避難所に来てから何日か、まじやばかったよね。寒いし、飲みものも食べものもないし、トイレもないから、体育館の壇上のカーテンの裏にプラスチックの衣装ケースみたいなやつ置いてその中にしてたんだよー。超臭かったけど、体育館の中も避難してきてる人でいっぱいで、他にスペースないからって、そのトイレの隣で寝てる人もいて、あれはかわいそうだったよね。10日くらいお風呂も入れないし、髪の毛べったべたで、眉毛もぼーぼーで臭くてやばかった。毛も剃れないし、あんなにすね毛生やしたの、はじめてだった（笑）。もうどうでもよくなってたけど、今思えばそんな姿を人に見られたと思うと、まじやばかったよね」

「10日くらい経ってからだよね、携帯でみんなと連絡とれたのも」

「うん。携帯は全然つながらなかったよね。でも、実際最初に心配になったのは家族のことだった。みんなには悪いけど、みんなのことは落ち着いてから思い浮かんだもん」

「うちもそうだったかも。でも、みんな家族無事でよかったよね」

「うん。でもいつまで避難生活続くんだろ。仮設の抽選はじまったけど、なかなか当たらないよね。学校もはじまったのはいいけど、うちらの学校、津波で校舎使えなくなったから、今は他の学校の教室を間借りして、学年ごとに3つの学校に分かれて授業してるんだけど、早く校舎に戻りたいよね。てか早く部活したい‼」

「今の生活、学校以外寝てるだけだからね。運動しないとやばいよ」

　彼女たちは、明るく、ときにしんとした空気で話していた。彼女たちの中にはさまざまな想いがあった。

　4月21日を目途に、宮城県の学校は再開された。彼女たちの通う高校の校舎は津波の被害を受けて使用不可能な状態にあったので、津波の被害を受けていない学校の教室を間借りして授業を再開していた。しかし、臨時バスでの通学に時間がかかることやスペースがないなどの理由で部活の再開はまだだった。津波の被害が少ない学校でも、グラウンドがガれき置き場になっていたり、グラウンドに仮設住宅が建つことが決まっていたりして部活ができないところもあった。学校の校舎の横に大量の震災がれきが積み重なっている様子は、見るに堪えない光景だった。

そうした生活の中で、学校のこと、友達のこと、恋愛のこと、家族のこと、今の生活のこと、将来のこと……、誰もが一度は悩むようなことだが、彼女たちは震災が起きたことによる漠然とした先の見えない不安の中で戸惑っていた。

一人ひとりと話をしていると、さらに複雑な想いを話してくれることもあった。彼女たちの置かれた状況はそれぞれ違っていて、「家」だけを切り取ってみても、自宅が全壊して避難所に住んでいる人、被害を免れた2階部分で生活を送っている人、親戚の家に住むようになった人、団地に住んでいて下の階は津波で人が住めない状態になったが上の階にある自分の家は無事だったという人、などさまざまだ。自宅が無事だった人が家が全壊してしまった友達に対してどこか申し訳ない気持ちをもっていたり、仮設住宅に当たった家の人がまだ当たらない友達を置いて避難所を出ることに複雑な想いを抱えていたりした。学校に行くにも制服が流されてしまった人もいるし、自宅と一緒に浴衣が流された友達を気遣ってお祭りのときには浴衣を着ないようにした、と話してくれた人もいた。

学校辞めて、働こうかな

ある男子高生は、将来に対する不安を話してくれた。

4月の終わり、避難所の喫煙所に座っている高校2年生のタケシを見つけた。「お！　久しぶり。またこんなとこにいんの⁉」と私は彼の隣に腰をかけ、「最近どう？」と聞くと、彼はいきなり「俺、学校辞めて働こうかな」と言う。「なんで？」と聞いても、「なんとなく（笑）」とごまかす。私はさらに「えー、なんで？　私、高校辞めてるけど、学校辞めたら大変だよお。せっかく1年頑張ったのに辞めてどーすんの？」と聞くと、タケシはぼそぼそと話し出した。

「震災で親の仕事もなくなってどうなるかわかんねーし、学校再開したとしても、こんな状況で学校行っても意味あんのかなって。家も流されて住むとこないし、弟たちもいるし、働いて稼いだほうがいいんじゃねーかと思って。震災後ずっと考えてたんだけど、だからって働くにはどうしたらいいのかもよくわかんねーし。とりあえずここにいてもヒマだからがれき撤去の仕事して金もらおうかなって」

その後、彼は消防士になろうかとか、土木関係の仕事を先輩に紹介してもらおうかとか言いながら、結局高校を辞めずに今も頑張って学校に通っている。きっと、一生懸命悩んで決めたのだろう。

漁師になりたい

高校2年生のシュンは、地元では有名なワルだった。免許もないのにバイクを盗んでみたり、ドラッグストアで大量のコンドームを盗んだりしたことが地元では武勇伝になっているらしく、本人も「何回も警察から逃げたんだ」と自慢していた。そんなシュンは、友達といるときはおちゃらけていたが、避難所では静かだった。シュンのいた避難所は入り組んだ海岸に沿った山のほうにあり、彼の他に高校生はいなかった。まだ免許をもっておらず、家の車も津波で流されてしまった彼は、誰かに車で送ってもらわなければ友達に会いに行くこともできず、いつも避難所で一人ヒマそうにしていた。彼ははじめ、会うたびに声をかけてくる私を「年上の女の人、苦手なんっすよ」と言って避けていたが、しつこく声をかけ続けると、いつの間にか普通に話せる仲になった。

震災発生時、シュンは自宅にいた。周囲の人は「津波が来るぞ」と逃げていたが、少し様子をみようと、家の2階に上がって窓から外の様子を見ていた。すると、数分後、予想外に大きな津波が町を襲ってきた。そのときにはもう遅く、津波はあっという間にシュンの自宅まで到達した。シュンはとりあえず屋根の上に逃げたが、一瞬で屋根ごと濁流に流された。車、家、電柱……、いろいろなものがすさまじい勢いで流れてくる中、彼は浮いていた畳や発泡スチロールに必死でつかまりながら流された。どのくらいの時間流されていたかは覚えていないが、その後、彼は運よく山に流され、そこから木につかまって山の上まで登ることができて助かった、という。絶体絶命の状況に、友達からも奇跡だと言われていた。そんな状況だったにもかかわらず、彼は「ま、じ、で、やばかったっすよ！　死ぬかと思ったっすもん！」とおちゃらけて話す。しかし、そんな彼も震災後、複雑な想いの中にいた。

ある日、避難所の喫煙所から海を見ていたシュンと将来の話をした。「将来の夢とかあんの？」そう聞く私にシュンは「うーん、微妙。でも無理かもしんね」と言う。「無理って何が？」と聞くと、ぼそっと「オレ、漁師になりたかったんっすよ」と言った。そして、「親にも言ってなかったのに、なんで言っちゃったんだろ。口滑った」と言いながら、話してくれた。

シュンのお父さんは漁師で、小さい頃から仕事をする父親の姿を見てきたシュンは、ひそかにその姿に憧れていた。高校を卒業したら漁師になりたいと思っていたけれど、悪さばかりして両親を困らせていた彼は、そのことは誰にも言わずにいたらしい。そんなときに震災が起きた。船や漁のための道具も流され、父親の仕事はどうなるのか、たくさんのがれきが流され、沈んだこの海で、再び漁ができる日が来るのか彼は不安だった。シュンは海を見ながら「もう、この海じゃやってけないかもしんねー」とつぶやいた。

それから3カ月後の夏休み、仮設住宅で暮らしはじめたシュンから「最近は、父親が漁師仲間と漁業を再開するために行っている海の中のがれきの撤去作業を手伝っているんだ」との連絡をもらった。シュンと将来の話をしたのはあのときだけだったが、震災から1年半後、私はあの海で漁業が再開されたことを知った。

「被災者」と呼ばれて

他にも、こんな男子高生がいた。

高校1年生のケンジはある日、避難所の中で物資の仕分けをしていた。長い間一人でガサゴソガサゴソやっているので「手伝おっか⁉」と言うと、彼は「これ、もらってくださいよー」と疲れた声で言って、支援物資として送られてきた文房具の山を指差した。「なんでよー。これ、物資として送られてきたやつでしょ⁉」と私が聞くと、近くにいた別の高校生がその理由を話してくれた。

「この前、新聞記者の人が来たとき、こいつが取材されたんすよ。で、『今必要なものはありますか？』って聞かれて、『文房具』って答えたのを記事にしてくれて。この避難所の名前とこいつの名前と、『文房具が必要』ってことが記事になったんだけど、そしたらそのあと避難所に、文房具が入った段ボールが1週間で80箱来ちゃって。この避難所、小学生から高校生まであわせても10人くらいしかいないのに、80箱（笑）。段ボールの中には『頑張ってください』っていう手紙が入ってて、最初の2、3箱が届いたときはお礼の手紙を高校生で分担して書くことにしてたんだけど、途中から大変なんで電話することにして。それでも80件って相当大変っすよー。しかも、もらっても絶対使いたくないでしょって感じの使いかけの鉛筆とかノートとか、使いかけのぬり絵とかシールとか縄跳びとか、絶対もう誰も着たくないでしょっていうおさがりの服みたいのとか、お菓子とかが入ってることもあるし。とりあえずなんでも詰めて送ってくれた感じのやつもあって、他の避難所に分けるにしても使えるものと使えないものと、物資の種類を整理して役所に持っていかなきゃいけないし、大変っすよ」

毎日数件ずつお礼の電話をかけている、というケンジが続ける。

「送ってくれた気持ちは本当にありがたいし、嬉しいけど、正直お礼の電話をかけてると本当に疲れる。一番だるいのは電話の向こうで泣かれたとき。『大変だと思うけど、頑張ってね』って言いながら泣く人がいるんだけど、泣かれても困るし、なんて言っていいのかわかんないし。そういうのが超面倒くさくて。こっちが泣きたくなりますよ。でも文房具がほしいっていう自分の呼びかけに良心で応えてくれた人に対して、面倒とか思っちゃう自分が本当に申し訳なくて。せっかく僕たちのことを思って支援してくれてるのに、ごめんなさいって気持ちでいっぱいになりますよ。送ってくれた人の気持ちを考えると切ないです」

彼はうつむきながら言った。

お礼の電話をかけ続けるうち、彼は「被災者」と呼ばれ、「被災者＝かわいそうな人」として扱われることへの違和感や、支援する側から求められる、支援する側のもつイメージに合った「被災者」としての振る舞いをすることに疲れていた。また、自分たちのために文房具を送ってくれた人たちに対し、何もできない自分をもどかしく感じ、ただ支援を受ける存在でいることに違和感をもっていた。震災後の彼らの複雑な状況や気持ちは、誰かがさらっと言葉にできるようなものではなかった。

被災地で高校生たちと関わりをもつ中で、彼らから今の暮らしや将来に対する不安を聞くことは多かった。彼らには、避難生活の中でお互いのことを話せる相手がなかなかいなかった。悩みや将来への不安などを話せる相手なんて私にもたくさんいるわけではないし、ましてや思春期真っ只中の高校生にとっては、被災した、していないにかかわらず、そういうことを話せる相手はそんなに多くはいないだろう。そんな中、被災地ではリナのように唯一話せる相手だった親友を失った人や、避難生活の中で仲のよい友人と離れ離れになり、なかなか会えなくなってしまったという人も多くいた。

また、自分のことを話してもいいかな、と思える人が側にいた場合でも、地域のみんなが被災して頑張っている状況の中、自分だけ弱音を吐いたり、悩みを口にしたりしてはいけない気がしてできなかった、という人もいた。それはきっと、高校生たちに限ったことではない。弱音を吐くまいと前を見て歩き続けている大人たちもたくさんいた。そして、そんな大人たちの姿を見ているからこそ、中高生たちも簡単に不安を口にできず、一人ひとりが自分の中でぼんやりと、しかし一生懸命、悩んでいたようだ。

そんな彼らにとって、私がどんな存在だったのかはわからない。

彼らが私に話してくれたのは、他に話せる相手が近くにいなかったからかもしれないし、たまに顔を出していた私にはプライベートなことを話しても誰かに漏れることはない、と思ったからだったかもしれない。単純に年齢が近かったからかもしれない。

東京の大学生だったからとか、なんとなくこの人になら話してもいいかなと思っただけかもしれないし、理由なんてなく気づいたらそんな話をしていたという人もいただろう。

しかし、震災前から高校生に目を向けていた私だからこそ、彼らの置かれた微妙な状況に気づくことができたり、彼らと仲よくなって想いを知ることができた部分があると思う。私は彼らとの関わりの中に「私だからできること」があるような気がしていた。

「何かしたい」という想い

　避難所で出会った高校生たちに共通していたのは、「自分たちも何かしたい」という想いだった。

　眠れないと言っていたユキちゃんは避難所でお年寄りの手伝いをしていたし、「泣きたくても泣ける場所がない」と言っていたリナも「人の役に立ちたい」と言っていた。避難所でガールズトークをしていた中高生の中には、「自分にもできることはないか」と聞いてきた人がいて、被災した水産加工工場で泥に埋もれた缶詰を洗うボランティアに一緒に参加したこともある。「学校を辞めて仕事をしようか」と悩んでいたタケシは、よく避難所で子どもの遊び相手をしていたし、「漁師になりたい」と言っていたシュンは、海に沈んだがれきの撤去作業を手伝っていた。

　被災地域の外の人たちが「被災地のために何かしたい」と言っている以上に、現地の高校生たちは「自分たちも何かしたい」と思っていた。しかし、彼らは被災地のために活動している大人たちからは「支援される側」としてしか見なされていなかった。彼らの想いに気づいている地元の大人や親たちが、「彼らに何かさせられることがあるといいんだけど」と言っているのを聞いたことはあったが、震災直後は高校生が物資の仕分けや掃除などを手伝っていた避難所でも、だんだん外からのボランティアが増えるにつれて高校生たちに任せられる仕事がなくなっていった。

ここには高校生たちの微妙な立場があった。彼らの周りには、さまざまな場面で行動している地元の大人の姿があったし、全国各地や外国からもやってきたボランティアや復旧作業に関わるたくさんの大人たちがいた。そんな大人たちの姿を見ながら、自分も「何かしたい」と思ったとき、大学生くらいの年齢になれば自分でできることを考えて動くことができるだろう。しかし、大人でもなく完全な子どもでもない高校生たちには、自分に何ができるのかがわからなかった。また、彼らに「何かしたい」と言われても、周囲の大人たちにはそれをサポートする余裕はなかったし、外から来たボランティアのほとんどは彼らの想いに気づかない。気づいたとしても、高校生に何ができるのかは大人たちにもわからなかったかもしれない。

私は、「何かしたい」という彼らの想いが誰にも気づかれず、生かされていない状況を「もったいない」と思った。そして、そんな高校生たちと何かをしたいと思った。

ローカルスーパーで見つけたヒント

このとき、全国でも多くの人が被災地の人々に対して「何かしたい」と言っていた。石巻で活動する私は東京の友人たちに「自分にもできることはないか」と聞かれることが多かった。そうした人の中には「何かしたい」と思っても「被災地に行くのは、まだ少し勇気が出ない」「就活があって時間がない」と言って行動に移せない人も多かった。渋谷の女子高生から「自分も何かしたいけれど、高校生一人じゃ参加できるボランティアもないしお金もないから、現地まで行くことは難しい。できることは募金くらいしかなくてもどかしい。何かできることがあれば教えてほしい」と言われたこともあった。私は、たくさんの人が「何かしたい」と思っているのに、その想いがそのままになってしまっていることも「もったいない」と思った。

そんなとき、宮城のローカルスーパーで偶然目にしたお菓子を食べたのがきっかけで、私は被災地の高校生たちの想いと、「何かしたい」という全国の人々の想いをつなげる活動のヒントを得ることになった。

それは「がんづき」というお菓子で石鹸のような四角い形をしていた。見たことも聞いたこともなかったそのお菓子を買って食べてみると、「ういろう」のようにモチモチした食感でおいしかった。その後、「がんづき」について調べてみると、東北地方の郷土菓子だということがわかり、「このお菓子、形や色などの見た目や売り方を工夫すれば、東京の女子高生にウケそう」とひらめき、お菓子を使って地元の高校生たちと何かできないかと考えた。

その頃、震災の影響で延びていた大学の春休みが終わり、大学3年目の授業がはじまるのに合わせ、私は1カ月間滞在した石巻を後にして一旦東京に戻った。

大沼製菓を訪問

まだ構想が固まっていたわけではなかったけれど、東京に戻ってすぐに私は「がんづき」の製造元を調べ、製造会社の大沼製菓に電話した。

「東京の大学生なんですが……」

私は電話で、石巻での活動中に「がんづき」を食べておいしいと思ったこと、そして、お菓子を使って被災地域のために活動できないかと考えていることなどを簡単に話した。地元を中心に和菓子の販売をしていた大沼製菓では、いきなりの電話に「東京の女子大生から電話が来た！」とちょっとした騒ぎになっていたらしいのだが、商品の企画や広報を担当していた女性社員が「ぜひ会ってお話ししたい」と言ってくれたため、私はその2日後にまた宮城へと向かった。

大沼製菓の近くの駅で私を出迎えてくれたのは、電話で「ぜひ会ってお話ししたい」と言ってくれた女性社員、大沼製菓の社長の娘でもある大沼千秋さんだ。私より一回りほど年上の彼女は「美人なお姉さん」という印象でとても話しやすかった。大沼製菓までの車中、私たちは自己紹介し合った。高校時代にルーズソックスを履いており、東京の専門学校に通っていた時期もあるという千秋さんとは、初対面ながら気が合うような気がした。

大沼製菓は石巻市にあるが、本社や工場は被災を免れた。しかし、震災直後は工場が停電し、冷蔵庫や冷凍庫が使えなくなったので、工場にあった和菓子をすべて物資として自衛隊や消防に託した、という話を聞いた。

大沼製菓に着くと、千秋さんは私に「がんづき」を出してくれ、私はこの「がんづき」を食べたことで「宮城のお菓子を使って何かできないか」と思いついたことを話した。千秋さんは「震災後、自分たちにできることはないかとずっと思っていたけれど、何ができるかわからないでいたときに電話があったんです」と言って、ぜひ一緒に何かしたいと言ってくれた。

私が「何かしたいけれど、何ができるのかわからない」という想いをもっている高校生がいること、そしてそういう地元の高校生たちと一緒に何かできないかと考えていることを話すと、千秋さんは「以前から若い子のアイディアを活かした商品開発をしてみたかった」と賛成してくれた。そんなふうに千秋さんと話しながら、何ができそうかと考えていたときに、私は思いついた。

「高校生と一緒にお菓子の商品開発をして、そのお菓子の売り上げのうちいくらかが地域のために使われるお金になる、というのはどうでしょう⁉ 私の周りには『何かしたい』と言っている大学生や高校生がたくさんいるので、そのお菓子を東京や全国の学園祭で売ってもらうのもいいかもしれない！」

そんな私の提案に千秋さんはすぐに賛成してくれ、「やってみよう」ということになった。

これが実現できれば、被災地の高校生の想いと、「何かしたい」とか「何ができるかわからない」という全国の人々の想いをつなぎ、誰でもできる、関わりやすい支援の形をつくれるのでは、と思った。

第5章　町の小さな高校と和菓子屋さんの挑戦

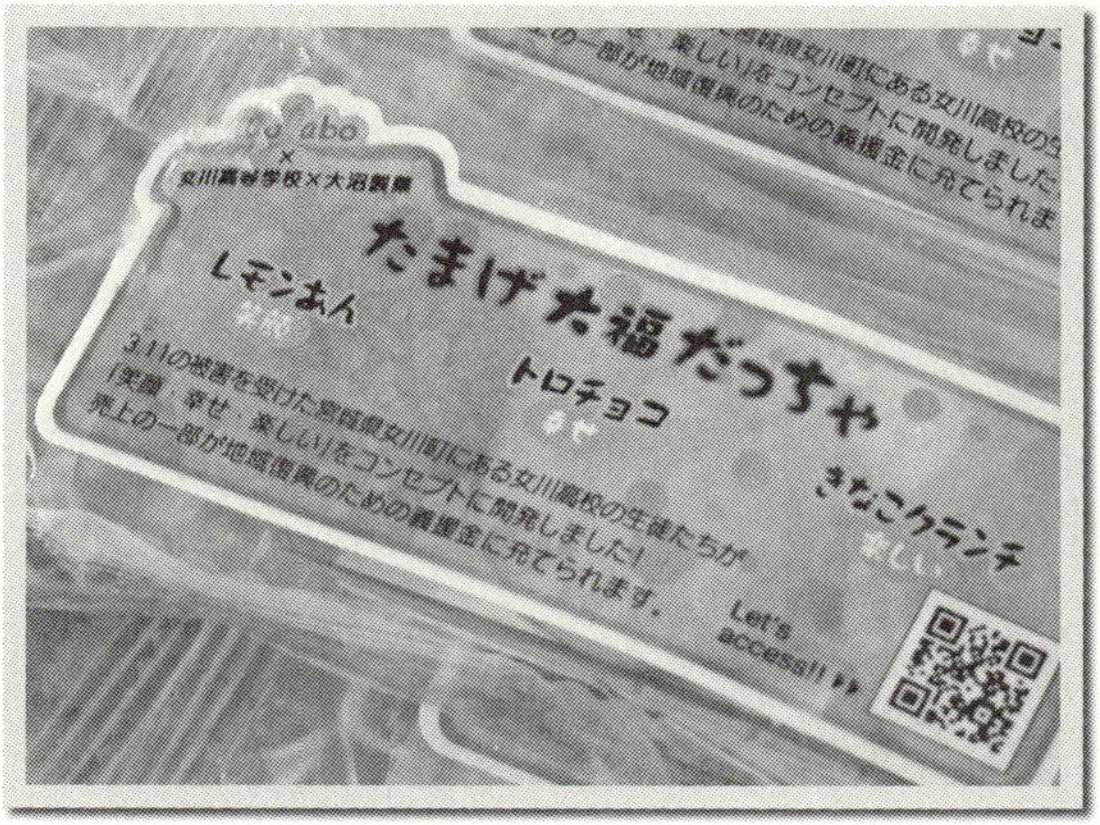

「たまげ大福だっちゃ」ができるまで

Colaboとは

具体的な活動が見えてくると、私はすぐに「Colabo」という団体を立ち上げた。「出会いを創造にし、社会を活性化させる」ことをスローガンにした。

ふだん交わることの少ない地域や年齢を超えた人と人とをつなぎ、それぞれの強みを生かしてコラボすることで、地域・大人・若者の協働の場をつくれないかと考えた。団体名の「Colabo」には、コラボレーションと、Communicationをしながら、新しいものを創り出していく（＝Labo）という意味を込めた。

「Colabo」は震災を受けてこのタイミングでの立ち上げに至ったが、私が高校時代から「あるといいな」と感じてきた場をつくりたいと、被災地支援という枠組みだけではなく、今後さまざまな地域や年齢を超えたつながりや、協働の場をつくっていきたいと考えていた。そして、そのことが家庭や学校に居場所がない〝難民高校生〟や、人間的、精神的な「溜め」をもたない〝難民高校生予備軍〟に「溜め」を生み出すことにつながるはずだと考えていた。

Colaboの始めの活動として、「支援金付商品のColabo開発プロジェクト」を行うことにした。被災地の企業と高校をつなぎ、Colaboがコーディネーターとなって三者共同で支援金付商品を開発する。開発した商品は企業の店舗やネットで販売するほか、協力者を募って全国のイベントや大学の学園祭で販売してもらう、という計画だ。

集まった支援金は、「高校生が地域のために使う活動資金」とし、具体的な用途は現地の高校生を中心に考える。そうすることで、自分たちで集めた支援金を自分たちで考えて地域のために使う、という高校生が主体的に動ける機会がつくれると考えた。企業にとっても全国での商品販売や地域貢献をする機会となり、高校生や大学生にとっては楽しみながら地域貢献活動に関わる機会をつくることができると考え、私はすぐに企画書をつくり、活動資金と協力してくれる人を集めた。

お菓子がつないだ縁

それと同時に、私は宮城県女川《おながわ》町にある宮城県女川高等学校に電話をかけた。

大沼製菓との商品開発を一緒にやってくれる高校生をどう集めようかと考えていたとき、避難所で出会った一人の高校生の顔が思い浮かんだ。その高校生が確か女川高校に通っていると言っていたのを思い出し、「女川高校」をインターネットで調べると、高校のホームページに高校生たちが奉仕活動に取り組む様子が掲載されていた。宮城県女川町は、人口1万人ほどの漁業を中心とした地域で、津波で大きな被害を受けた。女川高校も震災後しばらくは避難所になっており、当時は電話回線も復旧していなかったため、臨時の連絡先として学校のサイトに載っていた携帯に電話した。

私からの突然の電話に対応してくれたのは教頭先生だった。「大沼製菓と連携して行う支援金付商品の開発を女川高校の生徒たちと一緒にできないか」と言う私に、先生は「えー⁉ あの大沼製菓さんですか⁉」と驚いた様子で言っていた。私は、「大沼製菓って、地元でそんなに有名なお菓子屋さんだったのか！」と心の中で失礼ながら驚いた。その後企画書を送り、それを読んだ先生から「ぜひ一度会ってお話ししましょう」という返事をもらった数日後、私は千秋さんと、これからColaboの活動を共にすることになる稲葉と一緒に女川高校に向かった。

稲葉とは、避難所のニーズ調査のプロジェクトを通して知り合った。仕事として石巻に派遣されていた彼は震災直後の3月17日に先遣隊として現地に入り、そこから現地でのニーズ調査を中心とする活動を運営していた。震災前は高校生のキャリア教育を行うNPOカタリバに立ち上げ期から7年間関わり、理事を務めていた。彼にColaboの目指す活動に賛同し、一緒に活動することになった。

震災から約3カ月後の2011年6月17日。私ははじめて女川高校に行き、小泉校長先生と葛西教頭先生にお会いした。

女川町は大部分が津波に飲み込まれ、高台に建つ女川高校のすぐ下まで波が来て、震災前には高校から見えていた住宅街は一面海と化したという。そんな当時の状況を聞くなかで、校長先生から驚くような話が出た。

「震災後、はじめて届いた物資が大沼製菓さんのお菓子だったんですよ。あれには本当に救われましたねえ。あのお菓子を食べて、私たちは3日生き延びたんですよ」

大沼製菓が震災直後、工場にストックしていたお菓子を支援物資として提供したという話は聞いていたものの、それが15キロ以上離れた女川高校に届いていたという事実に、私は鳥肌が立った。

そんな縁もあり、先生は「どうなるかわかりませんが、挑戦してみましょう」と言ってくれ、女川高校と大沼製菓、そして私たちColaboの商品開発プロジェクトがはじまった。

女川高生の挑戦——地域を元気にする商品開発

はじめて女川高校を訪れた日のうちに、先生は私たちに生徒会メンバーを紹介してくれた。突然東京の大学生と石巻の製菓会社と商品開発をすることになった生徒会メンバーはかなり緊張していた。その日はとりあえずお互いの自己紹介をして、千秋さんがもってきてくれたお菓子を食べながら、大沼製菓の商品について知った。

一緒に商品開発をすることになったのは、生徒会長の「会長」と、副会長の「いずみちゃん」、文化部長の「ゆいちゃん」の高校3年生の3人と、副会長の「たかや」と「たくみ」の2年生2人の合わせて5人。私たちはここから3カ月間毎週ミーティングを重ね、支援金付和菓子の商品開発をすることとなった。Colaboは宮城県内の空き家を借りてそこを現地活動拠点にし、現地での移動に必要不可欠だった車のレンタルの支援も受けた。そこから私は週に2日は東京の大学に通いながら、東京と宮城を往復するめまぐるしい生活がはじまった。

2011年6月29日の放課後、第1回目の商品開発会議を行った。キャリアカウンセラーの資格をもっている稲葉がファシリテーターを務め、高校生が中心となってアイディアを出した。私は活動のプロデューサーとして、また大学生という高校生に近い立場で高校生と意見を交換したりアイディアを出したりし、千秋さんには企業の立場で高校生のアイディアが実現可能かどうかを検討してもらった。

「どんなお菓子にしたい？」と聞くと、生徒たちからは、「小さな希望が詰まったお菓子」「地域の人が元気になるお菓子」「復旧・復興の希望のお菓子」といった意見が出た。

「このお菓子をどんな人に食べてもらいたい？」「食べた人にどうなってほしい？」と聞くと、

「震災で辛い思いをしている人に笑顔になってほしい」

「がれきの処理をしてくれている人やボランティアの人に元気になってほしい」

「おいしいものを食べているときは嫌なこととか忘れられるから、震災で落ち込んでいる人たちに食べてもらって、少しでも癒しになったらいい」

「自分の家族や友達、地域のお年寄りや子どもにも食べて笑顔になってほしい」

「大変だけど頑張っていこうね、という気持ちを込めたい」という高校生たちの言葉に、私は感動していた。

商品開発メンバーの5人の中には、自宅を津波で失った生徒もいるし、一人ひとりが私には想像できない壮絶な被災体験をしており、まだ混乱した状況の中で複雑な気持ちで過ごしているはずなのに、そんな彼らが「周りの人たちを笑顔にしたい」と言っていることに心を打たれた。

話し合いの結果、「笑顔・幸せ・楽しくなれるお菓子」をコンセプトに商品開発を行うことが決まった。さらに、「幸せなイメージがあるから」「福が来そうだから」「馴染みのあるお菓子だから」などの意見から、「大福」のオリジナル商品を開発することに決定した。

翌月行った2回目の商品開発会議では、大福の色や形、そして中身について話し合った。コンセプトに合わせ、「笑顔になるとき、幸せを感じるとき、楽しいときってどんなとき？」というイメージから、「笑顔の色はどんな色だろう？」「幸せ！ってなれる味ってどんな味だろう」などと話し合っていく。その結果「笑顔・幸せ・楽しくなれる」のコンセプトと大沼製菓の主力商品である「きびだんご」の形に合わせ、3種類のミニ大福が入ったセットを開発することに決まった。

翌週には、大沼製菓がさっそく試作品をつくってくれた。私は生徒たちと一緒に大沼製菓の工場に向かった。特別に工場内を見学させてもらい、生徒たちは自分たちのアイディアが実際に試作品となって製造されている様子を見たり、大福づくりを体験させてもらったりして興奮していた。大沼製菓の工場長が見守る中、私たちは第1回目の試作品を試食した。このときつくってもらった試作品は、オレンジ色の「笑顔大福」、ピンク色の「幸せ大福」、青色の「楽しい大福」。中身の候補は、「笑顔大福」がマンゴーあん・ゆずあん・レモンあん。「幸せ大福」がチョコ＋生クリームのトロチョコ・チョコ味のホイップクリーム、そして「楽しい大福」が生キャラメル・ナタデココ生クリーム・タピオカ生クリーム・ココナッツ生クリーム、というものだった。

「笑顔大福」と「幸せ大福」に関しては1回目から大好評。すぐに「笑顔大福」はあんにさっぱりとしたレモンピールが入った「レモンあん」に決まり、「幸せ大福」についてはロの中でチョコがとろけるようにチョコと生クリームの配合を少し変えて再検討することになった。一方、「楽しい大福」はどれも味が今ひとつで、なかなか「これだ！」というものにたどり着かないままに数週間が過ぎた。

「楽しくなれるお菓子」とは、どういうお菓子だろうかとみんなで考えて、「舌の上でパチパチはじける飴を入れる」「女川は海の町だから、ぷちぷちした食感の海ブドウ（宮城では海ブドウは採れないが……）を入れよう」「食べて驚くようなパンチの効いたカレー味や肉まん味はどうか」といった奇抜な意見も出た。他にもクリームチーズやオレンジピール入りのチーズクリーム味などの試作もしたが、どれもピンとこなかった。製菓材料メーカーの方々も協力してくれて、「面白そうな材料があるよ」とさまざまな材料を提供してくれた。中身について考えはじめてから１カ月が経った頃、多数の試作の結果、ようやく「楽しい大福」の中身は「きなこクランチ」に決定した。きなこクリームの優しい甘さとクランチのサクサクした食感に、試作品を口にした瞬間「これだ！」とみんなの表情が変わり、全員一致で採用が決まった。

　大福の中身について話し合うと同時に、大福の生地や色、サイズについても話し合った。ふわふわした大福らしい食感の生地を使うか、もちもちしたお団子のような生地を使うか。生地の色味についても話し合った。「楽しい大福」については、はじめは「青色」としていたが、試作の過程で「青いと食欲がそそられない」ということに気づいたことから、薄い緑色に変更することになった。大福のサイズは「一口サイズの大福３つでちょうどいい」という女子に対し、男子は「もっと大きいほうがお腹にたまっていい」と主張した。話し合いの結果、「お年寄りや子どもにも食べてもらうことを考えたら小さいほうが食べやすいし、量もちょうどいいのではないか」ということで、一口サイズに決定した。

商品開発会議をはじめた頃は緊張や不安もあってなかなか自分の意見を言わなかった生徒たちも、この頃には自分の考えをどんどん発言するようになっていたし、商品開発会議を通してチームに一体感もできた。夏には合宿も行い、「このお菓子をどうしていきたいか」と話し合った。会議には、東京や仙台の大学に通う私の友人たちが参加することもあり、生徒たちはさまざまな大人たちとの関わりの中で自分たちの想いを形にしていった。活動を続けるうちに生徒たちの顔つきはどんどん変わっていき、彼らの想いもますます強くなった。

商品名も生徒たちによるものだ。商品名には宮城の方言を入れたいと、「がおった（疲れた）ときはこれ！」とか「がんばっぺ大福」といったアイディアも出たが、話し合いの結果「たまげ大福だっちゃ」に決定した。「たまげる」と「だっちゃ」は方言で、「たまげ大福だっちゃ」とは「食べてびっくりする大福だよ」という意味だ。「たまげ大福だっちゃ」は1セット120円、商品一つに付き25・5円（2012年1月以降は一つに付き5円）を支援金に充てることにした。

はじめての商品開発会議から2カ月が経った2011年8月末、震災からの復興を

「食」から盛り上げていこうと石巻駅前で行われた「食興祭」というイベントで私たちは「たまげ大福だっちゃ」の試験販売を行った。夏休み中だった生徒たちは「自分たちが考えたお菓子は手に取ってもらえるだろうか」「食べた人に喜んでもらえるだろうか」と、少し緊張しながらも張り切って参加した。

1日目は限定100個の販売だった。はじめての販売活動で、完売できるか心配していた生徒たちだったが、なんと開始から2時間しないうちに用意した数が完売してしまった。翌日は量を倍に増やしたが、この日も2時間で完売。急遽200個を追加販売し、2日で500個を完売した。生徒たちは事前に用意していたアンケート用紙を手に大福を買ってくれた人に声をかけ、積極的にアンケートをとっていた。味はどうか、見た目やサイズ、食べやすさについて、何十人もの町の人たちから意見を聞いた。そして、その意見を参考に商品の最終調整を行った。

翌週の9月3日には、宮城県内にある古川黎明高等学校の文化祭で試験販売を行った。被災県内でも大きな被害のなかった地域の人々が大きな被害を受けた地域を支援しようと、多くの復興支援活動を行っていた。古川黎明高校の文化祭でも復興支援コーナーが設けられ、そこで「たまげ大福だっちゃ」を販売できることになった。このとき用意した大福は500個。最初に買ってくれたのは黎明高校の生徒会長だった。

両校の生徒が一緒に販売活動をすることで、生徒同士の新たなつながりもできていた。高校の文化祭での販売で、用意した分を完売できるか不安もあったが、なんとこの日も販売開始から1時間で売り切れた。それだけたくさんの方々が女川高生たちの活動を応援してくれていた。

試験販売でわかったことも多かった。暑い夏の時期、大福を長時間外に出しておくと生地がやわらかくなり、その生地がパッケージに張り付いてチョコがもれてしまった。また、大福の生地はもっとはっきりした明るい色味にした方が目立つことにも気づき、「もっとしっかりした生地にしよう」「笑顔大福は濃いめの明るいオレンジにしよう」と話し合った。子どもでも手を汚さずに食べられるようにとパックの中には小さな楊枝を入れることにした。

最後にパッケージのデザインについて話し合った。「あったかいイメージにしたい」「大福の色が目立つようにしたい」という意見を参考に、絵を描くのが得意なゆいちゃんがデザインを考えた。パッケージには商品のサイトに飛ぶQRコードを入れた。こうして、3カ月をかけて「たまげ大福だっちゃ」は完成した。

商品開発メンバーのリアル

「たまげ大福だっちゃ」の完成に合わせて、私はColaboの学生スタッフとともに、全国の高校や大学に、各学校の学園祭での販売協力を求めるメールを送った。たくさんの人に女川高生の想いを知ってほしいという想いで、友人や知人に呼びかけ、ツテのない高校や大学には、学校の事務局や学園祭実行委員会の連絡先を調べて連絡した。するとと、「自分たちにできることなら」と多くの人が協力を申し出てくれ、メールを送っていた全国の高校や大学からも「女川高生の想いを応援したい」と返信があった。

全国の人々が活動を応援してくれていることを知った生徒たちは、商品開発をはじめた頃から思い続けてきた「地域を元気にしたい」という想いに、「自分たちのことを応援してくれている全国の人々に自分たちの想いや町の現状を伝えたい」という想いが加わった。そこで女川町のことを知ってもらうための資料や映像をつくることにした。そのための写真や映像を撮影するため、私たちは「女川探検」と称して、地元に住むいずみちゃんとゆいちゃんに町内を案内してもらうことになった。私はそのときはじめて、彼女たちの壮絶な震災体験を知った。

女川町について

女川町は、宮城県東部の牡鹿半島にある人口約1万人の小さな町だ。2005年の町村合併により、女川町の周りを囲んでいる旧牡鹿町・旧雄勝町が石巻市と合併し、現在は石巻市に囲まれた形となっている。町の中心には女川漁港があり、リアス式海岸沿いにある町には小さな漁村がたくさん点在している。東日本大震災ではリアス式海岸の地形が影響し、津波が奥に行くほど狭まって20メートルの高さとなって町を襲い、大きな被害が生じた。

女川町の発表によれば、震災発生時に人口1万0014名だった女川町では、震災で553名の死亡が確認され、震災後行方不明となり死亡届を受理された死亡認定者が268名、行方不明者が6名と、実に800名を超える人が亡くなった（2012年10月末時点）。震災発生時に4411棟あった住宅のうち66・3％の2924棟が全壊し、半壊から一部損壊の家も合わせると約9割の家が被害を受けた。

女川町のサイトには「猛烈な濁流に砕け散る家屋、流される漁船、そして800名を超える尊い町民の生命…。筆舌に尽くしがたい光景が眼の前に広がりました。人知を超える自然の驚異に、為すすべもありませんでした」という文章が掲載されている。

そんな中、震災を受けても前向きに生きようとしている町の人々の姿を女川高生たちは見ていた。しかし、メディアや県外の人々からは、ただ「女川町＝被災地」「被災者＝かわいそう」と捉えられ、悲惨な場面だけを切り取った報道をされてしまうことが多く、彼らは違和感をもっていた。大きな被害を受けたことは確かだけれど、だからといってずっと「被災して大変だったでしょ」と言われ続けるのではなく、「女川町」と聞いたとき、「前向きに頑張っている人がいるんだ」と思い出してもらえるように、もっと町のよさや町の人々について知ってもらいたいという想いから、私たちは女川の現状や女川高生の想いを伝えるため、「たまげ大福だっちゃ」を応援してくれる方々に向けたメッセージビデオをつくろうと考えていた。

「いざ、女川探検！」

震災からちょうど半年後の２０１１年9月10日、私がいずみちゃんとゆいちゃんと向かったのは女川町の総合運動公園だ。公園内には、震災後８００人以上の人が避難していた総合体育館があり、このときもまだ１３０人以上の人がここで避難生活を送っていた。震災後の数カ月間はいずみちゃんもこの体育館で生活していた。町の中心にあるこの運動公園には野球場やテニスコートや大きな運動場があり、毎年町民体育祭なども行われる町の人々が集まる場所だった。私たちが訪れたとき、運動場にはたくさんの仮設住宅が建てられていて、まだ建設中のものもあった。私たちは次にいずみちゃんの母校の中学校に向かった。中学校は山の上にあったため津波の被害は免れたが、学校の壁は崩れたり、ガラスが割れたりしていた。震災後に避難所になっていたこの中学校の体育館には、物資の段ボールがたくさん保管されていた。学校の再開に合わせてこの避難所は閉鎖となり、授業が再開されたのだが、校舎や地面には所々にひびが入り、校舎の中にはハエトリがいくつも設置されていた。

この夏、被災地では津波で町中に流れ出た水産物から、大きなハエが大量発生していた。特に海に近い場所や、がれき置き場周辺ではものすごい異臭とともに目にしたことのないような大量のハエが発生した。学校のグラウンドや学校のそばの土地ががれき置き場となっていることもあり、ある学校ではハエトリ用に設置したペットボトル（２リットルのペットボトルにお酢と砂糖水を入れたもの）が１日に何本も真っ黒なハエで満タンになった。先生は「この暑い時期に窓を開けないわけにはいかないし、窓を開ければがれきの異臭とともにハエが入ってくる。生徒たちにマスクをするように言っても、マスクをしたところで防げるようなレベルではないし、こんなに暑い中無理がある。衛生的にもよくないですが、どうしようもない状況ですね」と諦め顔だった。

震災後、学校のグラウンドや野球場ががれき置き場になったり、仮設住宅になったりしているケースはよくある。そのため、学校のグラウンドや野球場が使えなくなってしまった子どもがいるのだが、「辛いのは自分だけではない」「助け合って生きて行こう」と思っているから、誰も文句は言わない。

それでも、「去年はここで体育祭やってたんだなあ、って思い出すと、なんだか切なくなりますね」「震災前はここで野球の練習してたんですよ」という高校生たちの横顔に、私は彼らの複雑な想いを感じた。

この日はいずみちゃんの「海のほうにある家＝前の家」と、「山のほうにある家＝今住んでいる仮設住宅」の2つの家を案内してもらうことになっていた。最初に向かったのは「前の家」、3月11日に津波で流されてしまった家だ。玄関の門以外には何も残っておらず、ただ家の土台があるだけだった。

「ここが玄関だったんですよ」といういずみちゃんに続いて、私は「おじゃまします！」と彼女の「前の家」に足を踏み入れた。いずみちゃんは、家の土台の上を歩きながら、「ここが私の部屋で、ここにはお風呂があったんですよ」と何もないかつての家の中を案内してくれた。彼女は「震災後、はじめて誰かをこの家に連れて来ました」と言いながら、土台の下に咲いていた小さな花を見つけて、ちょっと嬉しそうにしていた。

そして、海のほうを見ながら、震災当時のことを話してくれた。

いずみちゃんの震災体験

「親と一緒に車に乗ってるときに地震が来て、両親は介護とか福祉の仕事をしていたので仕事場に行かなきゃいけなくて。私は車で待ってるように言われたので、駐車場で車の中で一人で待ってたんですよ。そしたら、しばらくして『津波が来た‼』っていろんな人が言ってるのが聞こえて。外を見たら津波が来てるのが見えて、外からおじさんが『津波来たぞ‼　逃げろ‼』と言うので車から降りて、高台にある病院（その病院は海抜16メートルの高台に位置する）まで一人で逃げたんです。

波がすごい勢いで来て、私は走って坂を上って、なんとか病院の中にたどり着くことができたんですけど、病院の1階にいたら、そのあとすぐに病院の中まで津波が来て、階段の方に走って逃げたんですけど、もう波がすぐ後ろまで来てて、『もうだめだー』って思った瞬間、階段の上にいた男の人が私の両脇を抱えて上まで上げてくれたんです。それで2階に上がることができて私は助かったんですけど、階段のほうに走っていたとき、隣で走っていたおじさんはそのまま流されてしまって、あのとき自分は何もできなかったことをすごく後悔していて。あのとき何かできたかって言われたらきっと何もできなかったんですけど。自分だけ助かったので……」

「その日はそのまま病院で過ごすことになりました。病院には650人以上の人が避難していて、私は何かしなきゃいけないと思って、お年寄りに毛布を配ったりして過ごしました。毛布を配っていたら、遠くに私のおじいちゃんの頭が見えて、『生きてる』と安心しました。その後おじいちゃんと合流したんですけど、携帯がつながらなくて両親とも石巻にいる彼氏とも連絡がとれなくて、不安でした。

翌日病院の上から町を見下ろしてみると、町が海に浸かっていて、なんか夢みたいでした。きれいな朝日が見えて、複雑な気持ちだったんですけど、今でもそのとき撮った写メは大事にとってあります。その後、両親には会うことができたんですけど、彼氏とは連絡がつかない日が続いて、波が引いてから、私は彼氏の家に行こうと、車で20分以上かかるところを歩いて石巻駅のほうまで行ったんです。だけど、石巻駅前はまだ波で1メートルくらい浸かっていて、その中をなんとか歩いて行こうとしたんですけど、近くにいた大人に止められて、仕方なく避難所に帰りました」

「その後、物資が届くまでは食べるものとかもなかったんで、近くのドラッグストアやコンビニに行って、食べられるものがないか探しました。お店も津波の直撃を受けていたので窓や壁がぐちゃぐちゃに壊れてたりしましたが、とにかくみんな必死で食べものを探してました。どろどろの泥の中からお菓子を見つけて、バッグに入れて避難所にもって帰りました。お店にはたくさんの人が何か使えるものとか食べられるものがないか探しに来ていました」

「私の家は全部流されてしまったけど、家の門と表札だけは残ったんです。解体される前に、思い出としてあの表札だけは門から取り出してあげたいんですけど。これを見るたびに『ここに家があったんだ』というのがわかって辛い思いをするし、津波で門だけ残った家は珍しいので、ボランティアの人やテレビの取材の人などが家の前に来て写真を撮ったりしているのが少し嫌です。自分の家なので、知らない人に観光スポットみたいにパシャパシャ撮られるのは嫌だなって思います。思い出のたくさんつまった家なので。今は仮設住宅に住んでるんですけど、やっぱり狭いし、自分の部屋もなくて窮屈で、これからどうなるんだろうって思います。辛いのはみんな同じだから、そんなわがままを言っちゃいけないんですけど……。でも、この前台風が来たとき、仮設住宅のトイレから雨漏りしたんですよ。夜中トイレに入ろうと思ったら上から水がにじみ出てきて、うわーって思いました」

ゆいちゃんの震災体験

そのあと、私たちは震災の影響で激しい地割れの残る海岸線沿いの山道を通り、ゆいちゃんが震災前に住んでいた家に向かった。ゆいちゃんが生まれ育ったのは牡鹿半島の大谷川浜にある小さな集落だ。自分の故郷を「浜」と呼ぶ、生粋の「浜っこ」のゆいちゃんは「震災前は、朝学校に行く前に海に潜ってあわびをとったりしていたんですよ」「どんこっていう魚がいて、その魚を使ったどんこ汁っていうのがおいしいんですよ」などと、私たちにかつての浜での生活のことを話してくれた。浜に住んでいた約80人の人々は全員無事だったが、浜にあった30軒ほどの家はすべて流されてしまった。ゆいちゃんの家も土台だけが残っていた。

「地震が来たとき、津波が来るぞーって、浜の人みんなでこの小学校に逃げたんです」

ゆいちゃんは震災前に住んでいた家のそばにある母校の小学校の校庭で、海を見ながら話してくれた。

「地震のあと、浜の人たちがみんな少し高いところにあるこの学校に集まってきたんですけど、あるおじさんが引き波を見て『ここにいたら危ない。流される』と言うので、みんなで学校の裏山に登ったんです。そのすぐあとに大きな津波が来て、2階建ての学校は全部津波に飲み込まれちゃったんですよ。その晩はこの裏山にある神社のところでみんなで過ごしました」

そのあと、私たちはゆいちゃんの浜の人たちが暮らす仮設住宅に行った。

仮設に着くなりゆいちゃんは「あらー、ゆいちゃんじゃない！　元気だった？」「よく来てくれたわね！　学校はどう？」と、たくさんの人たちに話しかけられていた。その後、ゆいちゃんは彼女の祖父母の住む仮設住宅に行き、「たまげ大福だっちゃ」の活動について書かれた新聞記事をおじいさんたちに見せていた。人一倍優しくて、みんなから頼りにされるゆいちゃんは、私たちの活動の中でもいつも子どもやお年寄り、地域のお母さんなど、さまざまな人の目線で考えて意見を言っていた。それは、浜の人たちとの生活があったからなんだろうなあと、私は想像した。

ゆいちゃんは、海のことを決して悪く言わなかった。津波になって襲ってきた海に対して複雑な気持ちもあるけれど、彼女はこの海とこの町の人々とともに生きてきて、これからもそう生きて行こうとしていた。彼女は津波の被害を語りながら、懐かしそうに海を見つめていた。

最後に、いずみちゃんはこう話してくれた。

「今も心の中ではさみしいとか喪失感はあるけど、それだけじゃなくて、楽しいことか嬉しいことも多いので、今はみんな前を向いてやっていけてると思います。やっぱり被災地イコールかわいそう、とかじゃなくって、みんな前を向いて歩いてるってことを知ってほしい。毎月11日になると3月11日のことを思い出すんですけど、辛いと言っているだけじゃ何もはじまらないので、どんどん前に前に行くところを見守ってほしい」

ゆいちゃんも言う。

「被災してても一生懸命頑張っている人がいるし、辛いこともたくさんあったけど、みんなで助け合いながら、みんなで笑顔になりながら、一生懸命過ごしているので、この想いがどんどん広がって、全国の人たちにもたまげ大福だっちゃを食べて、笑顔になって、幸せになって、楽しく過ごしてもらいたい」

たしかに大きな被害を受けたけど、自分たちはいつまでも「被災者」ではない。ただ「支援される側」ではなく、自分たちから地域を元気に、全国に「笑顔・幸せ・楽しい」を届けたい。そんな想いが商品開発メンバーの中に芽生えていた。

「たまげ大福だっちゃ」がつないだもの

たくさんの人の応援で、地元に愛されるお菓子に

私たちは２０１１年９月23日に行われた女川高校の文化祭に合わせて「たまげ大福だっちゃ」の正式販売を開始した。文化祭のテーマは「負げねっちゃ女川〜女高の力を信じてる〜」。このテーマにも高校生たちの強い想いを感じる。

私たちの活動を知った地元新聞や放送局が商品開発会議の様子を新聞や情報番組に取り上げてくれていたこともあり、文化祭ではたくさんの人が「たまげ大福だっちゃ」を買ってくれた。同時に店頭での発売を開始した大沼製菓にも開店前に行列ができたようで「こんなのはじめて！」と言う千秋さんの言葉に私たちは喜んだ。

記念すべき販売開始日のこの日は２時間で５００個の大福が完売し、高校生たちは活動を応援してくれている地元の方々の想いや、大福を食べて喜んでくれている人たちの姿に感動している様子だった。その翌日からの２日間は、仙台で行われた仙台放

送まつりで販売活動を行った。このイベントでの販売活動は、私たちの活動を数回に渡って密着取材してくれていた同局の岩渕さんが私たちにもブースを設けてくれたことで実現し、ここでは2日間で1300個を販売することができた。

その後も、私たちの活動を知ったたくさんの方々が活動を応援し、販売に協力してくれた。高校生たちの想いを知った宮城や東京の大学生や友人たちも、協力したいと現地まで手伝いに来てくれたし、地元の大人たちからもたくさんの協力をいただいた。宮城県内にある加美農業高校では校長先生から「女川高生の活動を応援したい」と連絡をいただいて文化祭での販売が実現し、石巻市唯一の大学である石巻専修大学の文化祭でも販売活動を行った。女川町内でも、町の福祉施設や移動スーパー、そして女川町の名物である笹かまぼこ屋「高政」の店頭などさまざまな場所で「たまげ大福だっちゃ」を販売してもらった。

この「高政」は、震災後いち早く立ち上がり、町の復興を引っ張っている女川を代表する企業だ。震災から9日目には被害の少なかった工場で名物の揚げかまぼこづくりを再開し、計12万枚を避難所に配ったという。4代目の高橋さんは、「まずは自分たちが立ち上がることで、それを見た他の水産加工業者が『自分たちも負けてらんねぇ』と付いて来てもらいたい」と言い、女川高生にもこんな話をしてくれた。

「被災したからといって、いつまでも被災者として支援されているだけではダメだ。これからを担う若い人から地域を元気にしていかなきゃいけない。支援してくれた人たちや震災があって町を知ってくれた人たちに、自分たちから町のよさを伝えて、よさを知ってもらって、女川町のものを買ってもらったり、また来てもらえたりしたら、それが復興につながっていく。僕たちは震災を力にしていかなきゃいけない。君たちも地元の人や全国の高校生や若い人たちに前を向いて頑張っている姿を見せて、自分たちから若者を引っ張って行かなきゃいけないんだ」

こうした地元の大人の言葉に高校生たちは力をもらい、彼らは「ただ支援されるだけではない。自分たちから、地域を元気に。全国の人に『笑顔・幸せ・楽しい』を届けたい！」という想いを確かなものにしていた。

また、高校生の活動を知った女川町の方々が「女川町の銘菓」として秋田県仙北市で行われた「産業祭り」で大福を販売してくれたこともあった。このとき販売してくれたのが、女川町の竹ノ浦地区の方々だ。彼らは震災後に仙北市に二次避難していた。ホテルなどで避難生活を送っていた竹ノ浦の方々と交流を深めようと考えた仙北市の方が避難者と地元の農家をつなぎ、避難者の方は農業の手伝いをして過ごしていたという。避難者の女性は言う。

「あのときはすべてを失って、子どもの勧めで私たち夫婦だけ仙北市に二次避難をしたけれど、震災後からみなさんにしてもらってばっかりで、自分たちでやれることもなくて申し訳ない気持ちになったり、ただ過ぎる毎日が辛かったこともあった。だけど、農作業のお手伝いをして自分たちにできることをつくってもらい、地元の方と家族みたいな関係になってすごく楽しく過ごさせてもらった。私たちは海の仕事をしていたから農業は詳しくなかったけど、山村での暮らしを知って楽しかった。仙北市は第二のふるさとになったわ」

そんな「第二のふるさと」に、竹ノ浦の方々が「女川のお菓子」として「たまげ大福だっちゃ」をもって帰ってくれたのだ。

私たちの活動を応援してくれたり、取材して広めてくれたりした方々もそれぞれ被害を受けていた。実家が津波で流されたと話してくれる人もいたし、大切な人を津波で失ったという人も多かった。そんな地元の方々が、「私たちの活動に勇気をもらった」「高校生の想いに希望を感じる」と言ってくれるたび、私は高校生のもつ可能性を実感した。

全国での販売も広がっていた。小学校や中学校のPTAの方々や、高校の先生や大学生からも「自分たちのところでもぜひ販売したい」と連絡をいただき、全国各地での販売が実現した。その輪はどんどん広がり、小中学校や高校、大学の学園祭だけでなく、さまざまな復興支援イベントやマルシェ、ホテルやスーパー銭湯などでも販売された。企業がイベントの景品として「たまげ大福だっちゃ」を用意してくれたり、「ヤマトホームコンビニエンス」のカタログで復興支援商品として取り扱ってもらったり、大型スーパー「ヨークベニマル」の宮城県内の店舗でも販売されたりした。

たくさんの方の協力によって、販売開始から約3カ月間の２０１１年12月末までに、全国24都府県、72カ所で販売された。１カ所につき10人の方が活動に協力してくれたと考えても、７２０人もの人が活動をともにしてくれたことになる。

「たまげ大福だっちゃ」は3カ月間で大沼製菓の人気ナンバーワン商品をも上回る３万３７００個を売り上げ、計74万１７０８円の支援金を集めた。販売個数のうち約6割が宮城県内で販売されており、「たまげ大福だっちゃ」は地元の方々に愛されるお菓子になった。

「たまげ大福だっちゃ」を通して、女川高校や大沼製菓、そして私たちにも、全国からたくさんのメッセージが寄せられた。生徒たちは「頑張ってください」とか、「応援しています」と言われるのではなく、大福を食べてくれた人からの「おいしかった」「勇気をもらった」という声や、協力販売をしてくれた人からの「『一緒に』頑張りましょう」という言葉に勇気をもらい、活動をもっと活発にしようと奮闘していた。

東京での販売活動——伝えたい想いと現状

商品開発会議をはじめたときから、私たちの目標の一つに「東京での販売活動」があった。私の通う明治学院大学の学園祭で自分たちの手で販売活動をしようと、生徒たちと約束していたのだ。２０１１年11月、ついにそれが実現した。

高校生にとって、大学に行き、学生たちと一緒に活動するというのはあまりない経験だ。さらに小さな漁師町で生活してきた女川高生にとっては、「東京に来る」ということ自体が珍しく、彼らは前日は「不安と緊張でよく眠れなかった」と言いながらも、気合を入れていた。この頃、高校生たちの表情は、私が彼らに出会ったときとは明らかに変わっていた。彼らは活動を通して、自分たちにできることがあるのだと実感し、たくさんの人たちの協力や大福を食べた人の言葉に自信をつけていた。そんな彼らは、はじめての「東京」「大学」での販売にもかかわらず、積極的に販売活動をしていた。

「被災地・女川から来ました！」「宮城の高校生がつくった大福です！」と大きな声で学生や学園祭に来た人たちに声をかける。しかし、そこで彼らは女川町のことを知らない人や被災地の現状を知らない人が多いことを実感した。そして、彼らはただ商品を買ってもらうだけでなく、「女川って知ってますか？」と自ら声かけをし、活動について書かれたチラシを配りながら、女川の現状や自分たちの想いを伝えていた。「自分たちから女川や宮城、東北、被災地のことを知ってもらって、地域を盛り上げていくんだ」という想いで彼らは動いていた。

その後も、「たまげ大福だっちゃ」はたくさんの協力者のもと、北は北海道から南は沖縄まで全国で販売された。年末にお歳暮として贈ってくれる人がいたり、母の日のプレゼントとして選んでくれた人もいると聞いた。

誰かがどこかで、「たまげ大福だっちゃ」を食べながら、

「このお菓子、女川の高校生がつくったんだって！」

「女川って、被災地の？」

「頑張っている人たちがいるのね」

と、高校生や女川町、そして被災地に少しでも想いを馳せてもらえたら、私たちは嬉しい。

広がっていく想いとアクション

被災地でのColabo活動を通して、私たちは何ができたのか。

数字で見れば、販売開始からの3カ月間で3万3000個以上を売り上げ、75万円近い支援金を集めた。メディアにも注目され、宮城県内の地元紙をはじめ全国紙にも数回取り上げられた。仙台放送の情報番組やNHKの教育番組でも取り上げられ、ラジオにも出演し、宮城県の観光ガイドブックにも掲載された。

2012年以降は商品一つあたり5円を支援金として販売が継続されており、集まった支援金は「高校生が地域のために行う活動資金」として女川高校に寄付されている。女川高校ではその資金を使って、高校主催で地域の方々を集めて落語鑑賞会を行ったり、県内の高校と連携して地域の復興をめざした商品開発プロジェクト実践の発表会を開いたりしている。落語鑑賞会は、生徒たちの「お年寄りのために何かしたい」という声から生まれた。高齢者が多い女川町では、震災後、仮設住宅や親戚の家で暮らすことになり、住み慣れた土地を離れなければならないお年寄りがたくさん出た。そこで、町の方々が集まるためにと落語鑑賞会が企画されたのだ。

「何かしたい」という高校生にいくらかのお金を渡して「地域のために使うように」と言っても、お金を渡された高校生は自分に何ができるかがわからないだろう。しかし、女川高生たちは、商品開発や販売活動を通してさまざまな経験や出会いをし、さまざまな人の想いや自分たちの可能性に気づき、地域や誰かのために自分ができることは何かと考えて行動できるようになった。

大切なのは、大福を何個売ったとか、支援金をいくら集めたとか、そういうことだけではなくて、Colabo のスローガンにした「出会いを創造にし、社会を活性化させる」こと。ふだん交わることの少ない地域や年齢を超えた人と人とをつなぎ、それぞれの強みを生かしてコラボすることで、地域を超えて大人と若者が協働する場ができていた。

活動がもたらした変化

実は、女川高校は県内でも有名な「ヤンキー校」だった。

活動をはじめてから知ったのだが、女川高校の偏差値は県内で下から数番目で、第一志望として入学する生徒は少なく、劣等感をもっている生徒も多かった。「元ギャル」の私にとって、ちょっとやんちゃな生徒がたくさんいたことはどこか昔の自分と重なってなんだか嬉しかったし、そんな女川高校の雰囲気は私を落ち着かせてくれたが、町の人にはあまりよいイメージではなかったようだ。

一緒に活動してきた生徒会メンバーの中にも「女川高校生徒会」と書かれた名刺を持つことを恥だと嫌がる生徒もいたし、「自分は女川高校の生徒だから、進学しても他の学校の生徒たちについて行けるか心配だ」と言う生徒や、Colabo活動についても「女川高校の生徒が地域のために活動しても、町の人から見向きもしてもらえないのではないか」と不安そうにしている生徒もいた。しかし、活動を通じて女川高校に対する町の人々のイメージは少しずつ変わりはじめた。

たとえば、こんなことがあった。

女川町に住んでいた方々が暮らしている仮設住宅でお茶を飲みながら私が女川高生との活動について話したときのことだ。はじめは、「あの女川高生がねえ」と驚いていた方たちに、生徒たちが大福に込めた「地域の方々に笑顔に・幸せに・楽しくなってほしい」という想いを話した。すると、ある女性が目に涙を溜めて言った。

「震災があって、たしかに辛い思いをしたし、今の生活やこれからの生活も不安だけれど、女川高生の中に、震災を通して一人でもそういう想いをもってくれている子がいるのなら、それだけで少し救われた気持ちになる。震災があったことは決してよかったわけではないけれど、震災があったから高校生があなたたちと出会って変わったり、そういう活動をすることができているのなら、それだけでもよかった」

他にも、活動のことを知った町の人たちは「女川高生がそんな活動をしているなんて」と驚き、喜んでくれた。活動を通して女川高生は、町の人たちの希望となり、高校に対するイメージも少しずつ変わりはじめた。

そんな町の人たちの声を生徒たちに伝えると、今度は彼らが感動して泣きそうになっていた。生徒たちには「そんな町の人たちの想いに応えたい」「いつも迷惑をかけている町の人たちに感謝の気持ちを伝えたい」「女川高校のイメージを変えたい！」という想いも芽生えた。

そんな彼らの姿に周りの大人たちも動かされていた。

「Colabo活動を通して人生が変わった」という大沼製菓の千秋さんは、「高校生たちの一生懸命な姿に突き動かされたし、みんなの笑顔が活力になり、高校生たちの姿から多くのことを学んだ」という。

大沼製菓の工場長はテレビの取材に対してこう言っていた。

「『渋谷でうちの和菓子を売りたい』っていう話をはじめて聞いたときには、『バカにしてんのか』と思いましたよ。高校生と一緒に商品開発なんて絶対にうまくいくわけないと思っていました。でも、実際に高校生たちと話して、彼らの意見を聞いたり姿を見たりしていると、和菓子の新しい可能性を感じることができました」

「若い人はすぐ辞めてしまう」と中途採用しかしていなかった大沼製菓の社長も「女川高校生なら」と、はじめて高校生の新卒採用を女川高校に申し出た。

私は、このColabo活動が学校や地域、若者と社会をつなぐ活動の一つのモデルになったらいいなと思っている。私たちの活動を通して、「自分たちのところでも何かできるかもしれない」「何かしてみようかな」と考えてくれる方がどこかにいたら嬉しい。

そういう一歩が、きっとどこかの若者の世界を広げ、分断されている大人と若者の距離を縮めるきっかけになるはずだ。

ありがとう、これからもよろしく

Colabo活動を通して、女川高生たちには新たな想いが生まれた。

震災から1年が経とうとしていた２０１２年、今後の活動について高校生たちと話し合っていたとき、彼らは今後の活動のテーマを「ありがとう、これからもよろしく」に決めた。「ありがとう」は、震災後たくさんの人々からの応援をもらい、今があることへの感謝の気持ち。そして、「これからもよろしく」には町の復興にはまだまだ時間がかかることや、震災が忘れられてしまわないように、また、町のよさや前を向いて歩いている町の人々の姿をもっと知ってほしいという想いを込めた。

販売開始直後は商品に込めた想いを知ってもらうことを一番に考えていたが、次第にその活動を通して「もっと町のことや自分たちの想いをしっかり伝えたい」と考えるようになっていた。そこで２０１２年度はただ販売活動をするのではなく、より積極的に大福に込めた想いや町の現状を伝えていこうと、講演活動に力を入れた。３月と8月には私の通っている明治学院大学のオープンキャンパスで受験生を対象に、ボランティア学の模擬授業という形で「被災地・女川の高校生と共に３・11を考える」をテーマとしたワークショップを行った。この授業に参加した受験生たちは授業後にこんな感想を寄せた。

「東京にいた私でさえパニックになって、3・11のあと、希望とか楽しいとか感じたり思えなかったのに、私よりもっと近くで震災を体験して、私よりも衝撃が大きかったはずの女川高生が前を向いている姿を見てすごい勇気をもらいました。ありがとうと言いたいです」

「みなさんのお話を聞いて、『私も何かしたい』と思いました。みなさんと出会ってからこの数日間、私にできることはないかとずっと考えていました。そこで、夏休み中に一度被災地や女川町のほうへ行ってみたいと思います。震災からだいぶ経ち、少しずつ忘れはじめてきてしまっている……。そんな現状だからこそ行かなければいけない気がしました」

「家に帰ってから、『たまげ大福だっちゃ』を家族にも紹介しましたが、大好評でした！　ぜひ自分の学校でも文化祭で販売したいです！　まずは学校の先生やクラスの友人たちに相談してみようと思います。お話を聞いてボランティアにとても興味をもちました。支援は誰かのためにするものだと思っていましたが、自分のほうが元気をもらいました！　本当にありがとうございました」

私たちの活動を知った高校生が、活動を通して何かを感じたり考えたり、自分の想いを行動に移すきっかけにしてくれている。私はこうしたきっかけの場づくりをこれからもしていきたい。

女川高校、閉校

実は、女川高校は2014年3月で閉校となる。これは震災前から決定していたことで、Colabo活動をはじめた2011年は、女川高校にとって3学年が揃う最後の年だった。2012年度現在は全2学年で生徒数は約100人、来年度は最後の1学年の50人だけになる。女川高校がなくなれば、牡鹿半島・女川町には高校がなくなることになる。女川高校は1949年に、当時高校がなかった女川に「子どもたちの学び舎をつくろう」という町の人々の想いによって、分校という形で建てられたという。その24年後に全日制の「宮城県女川高等学校」となり、さらに40年後の2014年、女川高校は64年の歴史を閉じようとしている。

町の人たちの想いによって建てられた学校。

「最後の2年間、これまでずっと女川高校を見守ってくれていた町の人たちへの『ありがとう、これからもよろしく』の想いを込めて活動をしたい。地域の人たちの想いによって建てられたこの学校がなくなっても、地域の人々の心に残るような活動をしたい」

２０１２年度の生徒会長となったたかやは言っていた。

私はきっと、このColabo活動が高校生たちにとって、いつか、どこかで何かの「溜め」になると信じている。

第6章 若者が夢や希望をもてる社会をつくるには

18歳のとき、阿蘇敏文さんと農園で

大人にしてほしい3つのこと

最後に、〝難民高校生〟だった私が、大人でもなく、子どもでもない「若者」として今考える、若者が夢や希望をもてる社会をつくるためのヒントをいくつか紹介したい。

まず、大人たちにしてほしいことがある。それは、「個人として向き合う」ということ、「可能性を信じる」ということ、「姿勢を見せる」ということの3つだ。

個人として向き合う

若者が夢や希望をもてる社会をつくるために一番必要なのは、大人が若者に「個人として向き合う」ことだ。親や先生、家庭や学校の中ではどうにもできないことがある。だからこそ、若者にとって外の世界の存在である大人たち一人ひとりが彼らに個人として向き合うことが必要だ。

どんな問題を解決しようとするときでも、その当事者の目線で考えることが必要で、そのためには「個人として向き合う」ことが欠かせない。「個人として向き合う」ことは誰もが家族関係や友人関係の中で日常的にしていることでもあるはずだが、大人が「若者」を捉えようとしたときにはどうしても抜けがちな視点だ。「最近の若者はよくわからない」と嘆いたり、「今の子はダメだ」と言ったりしている大人ほど、実際の若者たちとの関わりをもっていない。そして、そういう大人の若者に対する勝手なイメージが、若者が夢や希望を抱けない社会をつくる要因になっている。その結果、社会に絶望した若者たちが〝難民化〟する。そういう流れを防ぐため、大人たちには若者に個人として向き合ってほしい。「最近の若者」でも「渋谷のギャル」でも「被災地の高校生」でもなく、それぞれに名前のある個人として接してほしい。

電車の中でちょっとヤンキー風の高校生や、影のある若者に出会ったときには「なんだこいつ」と思うだけでなく、その子がどうしてそういう態度をとっているのか、どうしてそうした格好や見た目をしているのか、その姿で何を表現しようとしているのか、少し想像してみてほしい。この子は毎日どういう生活をしているんだろう、これからどこに行くんだろう、など何でもいい。そして、どうしてそうなっているのかを考えてみてほしい。若者からしてみれば、自分たちの背景や想いを勝手に想像されるのは迷惑かもしれないが、何も考えてくれない大人よりはましだ。

「個人として向き合う」ためには、まずは相手のことを知ることが必要だ。できれば想像するだけでなくて、「その人のこと」を知ってほしい。多くの人に少しでも若者のリアルを知ってもらうために私はこの本を書いた。大人への不信感や自分へのあきらめを抱える多くの人がふだんの生活や仕事の場面で若者とすれ違う機会をもっているはずだ。もし、ふとしたきっかけで、若者と関わる機会があったときには、勝手なイメージでその人を捉えるのではなく、「個人として向き合う」ということを大切にしてほしい。

「個人として向き合う」ということは、その人の背景にある社会を捉えることにもつながる。若者に個人として向き合い、それぞれの抱える想いや困難を知ったとき、その背景にある社会に目を向けると、そこには大人たちがつくっている社会があるはずだ。若者は大人に「社会の一員なのだから」と言われながらも、実際には大人たちから「若者には若者の世界がある」「若者の問題は若者の問題だ」と排除されがちだ。

この本に描いた〝難民高校生〟に関する問題のみならず、ニートやフリーターの問題、引きこもりや不登校の問題など、若者が抱えるさまざまな社会問題を「若者問題」とし、若者だけの問題として捉えることは、大人たちが若者を、自分たちの形成する社会の一員として見なしておらず、自分たちの社会とは別の社会で生きる存在として認識している、ということだ。

若者が希望をもてる社会をつくるには、まずは大人が若者を社会の一員として捉える必要がある。まずは一人ひとりが出会った若者と個人として向き合ってみてほしい。そのことが若者と大人の距離を縮め、きっとどこかで彼らの「溜め」となるはずだ。

可能性を信じる

大人にしてほしいことの2つめは、「可能性を信じる」ことだ。高校時代、私は自分の可能性を信じることができずに諦めていた。周囲の大人たちからも、どこかで諦められているように感じていた。しかし、自分の可能性を信じてくれたり、さまざまな社会の可能性を見せてくれたりする大人に出会って、私は変わった。女川高校の生徒たちもそうだった。はじめは「自分に何かできるだろうか」と自信なさげにしていた生徒たちも、周囲の大人たちの「何かできるかも」と信じる想いを受けて、自信をつけて活動に励み、活動を通して自分たちの可能性を信じられるようになっていった。信じたいと思える人がいることや、自分を信じてくれる人がいることが、自分の可能性を信じることにつながる。

大人が若者たちの可能性を信じなければ、彼らは自分の可能性を信じることはできない。今の大人たちにも、自分が子どもだった頃、自分の可能性を信じてくれる大人がどこかにいたはずだ。

また、若者の可能性を信じるだけでなく、大人たちには自分の可能性も信じてほしい。大人たちが自分の可能性を信じることができない姿を見ていると、子どもはこれからの社会に可能性を感じたり、自分の将来の可能性を信じることができなくなってしまう。私も高校生のとき、そうだった。だから、大人にこそ、自分の可能性を信じてチャレンジし続けてほしい。

姿勢を見せる

大人の頑張っている姿やチャレンジしている姿、多様性を尊重したり、自分らしく生きている姿や、大人の素直さを見ると、若者は未来に可能性を感じることができる。大人が頑張っている姿を見て自分たちも頑張ろうと思うし、大人が挑戦している姿を見て自分たちも何かに挑戦してみようと思う。震災後の被災地でもそうだった。地元の大人たちが震災を受けてもなお立ち上がっている姿を見て、若者たちは「自分も何かしたい」と思った。全国の支援者の人たちの姿を見て「自分にもできることはないか」と考えた。大人が可能性を信じて前を歩く姿を見て、若者たちも自分たちの可能性を感じることができるのだ。また、地域の大人たちが高校生の行動に感動し、女川高校へ持つ印象を変えたことが、高校生たちが自分を信じたり認めたり、地域を捉え直すきっかけにもなった。

若者たちは大人の姿勢をよく見ている。言い換えれば、大人たちは「見られている」ということだ。だから、大人は自分が「なりたい大人」になれているか考えてみてほしい。「若い頃なりたかった大人像」や「若者に見せたい姿勢」を想像してもいい。もし「なりたい大人」になれていたらその姿を若者に見せ続けてほしいし、「まだまだ」と思ったら、「まだまだ」な自分から「なりたい大人」になるために奮闘する姿を若者に見せてほしい。そういう大人たちの姿を見ながら若者は「自分もこうなれるかな」という期待をしたり、不安になったり、「自分もこうなりたいな」という目標をもつことができるのだ。どんな姿勢でもいい。かっこ悪くてもいい。自分や将来への可能性を信じて進む姿を若者に見せてほしい。私もそんな大人になれるよう、精進したい。

「何かしたい」と思っている人へ――一歩踏み出す3つのヒント

私はColaboの活動を通して、「何かしたい」と思っている人が本当にたくさんいるということを実感した。そして、その「何かしたい」という想いがそのままになってしまっていることが多いことにも気づいた。「何かしたい」と思っている人は、まずその気持ちを大切にしてほしい。その気持ちを大切にしながら、「何かしたい」と思うことがあったら、一歩踏み出してほしい。

出会いは創るものだ

「何かしたい」と思っている人は、その第一歩として、まず「この人のために」何かしたいとか、「この人がいるから」やってみたいとか、「この人だから」一緒にやりたいと思える人との出会いを創ることからはじめてほしい。一歩踏み出す勇気が大切だ。私が宮城に行ったときもそうだった。震災後、私は「自分にできることなんてない」と思いながらも、「何かできることはないか」と考えていた。考えてもわからなかったからとりあえず現地に足を運んだ。新しい出会いを通して東北の人々の暮らしや地域の人たちの想いに触れ、活動を現地の方々と一緒につくっていくことができた。出会いから学ぶことは多い。

最初の一歩を踏み出すときはとても勇気がいるけれど、その一歩がきっかけで新たな出会いが生まれ、そこから何か新しいアイディアや、取り組みたいと思えることや、楽しいことが生まれてくるかもしれない。「出会いを創造にする」とはそういうことだ。誰かに出会い、出会った人と向き合うことからすべてははじまる。「何かしたい」と言っているだけでは、何もはじまらない。

大学生活の中でも、「こんなに大学生がたくさん集まっているのに、大学には学生同士が出会う場がない」とか「いろんな活動をしている学生がいるのに、出会う機会がない」と言っている人がたくさんいた。渋谷の街を歩いていても、数えきれない人とすれ違うだけの毎日にどこか違和感を覚える人がいたり、地方でも、「こんなに近くにいろんな想いをもっている人がいるのに、なかなか知り合う機会がない」という言葉をよく聞いた。しかし、私は「出会いは自分で創るものだ」と思う。何もしなければ、新たな出会いは生まれない。待っているだけでは出会えない。出ていくから、何かしているから、動いているから、誰かと出会えるのだ。

誰かと「出会う」のは勇気がいることで、誰かと「個人として向き合う」というのは、労力がいることだが、人との出会いは人生を豊かにしてくれる。

「何かしたい」と思っている人は、まずは一歩踏み出して、「この人のために」「この人がいるから」「この人だから」、何かしたいと思える相手との出会いを創ってほしい。

できる人が、できるときに、できることを

2つめは、「できる人が、できるときに、できることを」することだ。これは、石巻のある避難所のリーダーになっていた70代の男性が被災直後の避難所のリーダー会議で言っていた言葉だ。

私は「これができる！」という特技やスキルをもっているわけではない。出会った人やものやことをつなげて新しい出会いを創り、その出会いを創造にすることは、「私にしかできないこと」ではない。けれど、私だから出会うことができた人々がそこにいて、そのときはじめて「私だからできること」が生まれると思う。

高校時代、「一人で何でもできるようになりたい」「一人で生きていけるようになり

たい」と言っていた私は今、一人でできることなんてほとんどないんだ、と実感している。一人でやるより、みんなでやる。自分にできないことや足りないことがあったときには、全部を一人でやろうとせずに、誰かに頼ったり、そのための出会いを創ること。

「できる人が、できるときに、できることを」することの強さを私は感じている。若者が夢や希望をもてる社会は一人ではつくれないけれど、「できる人が、できるときに、できることを」することが、そういう社会づくりにつながると信じている。

あなただからできること

私は、家族を大切にしたり、友人を大切にしたり、誰かと結婚したり、子どもをつくったりすること以外に「私に〝しか〟できないこと」はこの世の中にほとんどないと思っている。しかし、「私〝だから〟できること」はいくらでもあると思っている。それと同じように、「何かしたい」と思っている人にも、その人の「私だからできること」はたくさんあるはずだ。

たとえば、私は女子校に通っていて「帰宅部」だったので、部活などに打ち込む男子高生のリアルをあまり知らない。だから、もし部活で何かの壁にぶつかっている男子高生の悩みに気づいても、何と声をかけたらいいのかがわからないかもしれない。だけど、高校時代部活に打ち込んできた人であれば、私よりもその男子高生の気持ちを理解することができるだろうし、よいアドバイスをすることもできるかもしれない。

私が楽しみながら世界の貧困問題を知ってもらえるファッションショーをしようと企画したり、避難所で退屈そうにしている高校生が気になったりするのは、私のそれまでの経験があったからだ。これまでの経験から高校生の抱える問題に気づいたり、彼らが〝難民高校生〟にならないために「あったらいいな」と思う場づくりをしてきた。私は、私が経験したことしか実感としてもっていないし、まだ知らない世界がたくさんある。だからこそできることもあるのかもしれないが、できないこともたくさんあるだろう。だから私は、これからも出会いを通して学んでいきたいと思う。あなたにも、あなただからできることがあるはずだ。

高校生や若者に、「何かしたい」と思っている人は、自分が高校生の頃、どんな高校生だったのか、どんな生活を送っていて、どんなことを考えていたのか思い出してみてほしい。そして、どんな大人が側にいてくれたからよかったとか、あのときこんな大人がいてくれたらよかったなとか、こんな大人が嫌だったなとか思い出してみてほしい。

「子どもの頃になりたくなかった大人」より、「こんな大人がいたらよかったな」という大人になって、誰かに「あんな大人になりたいな」とか「こんな大人がいてくれてよかった」と思ってもらえたら、幸せではないだろうか。

最後に、「何かしたい」と思っている人へ、お願いしたいことがある。もし、この本を読んで「自分にできることをしたい」と思ってくれたなら、ぜひこの本を母校や近所の高校、フリースクールや大学の図書室や保健室などに寄付してほしい。私は、今〝難民〟となっている高校生たちや〝難民予備軍〟の子どもたちや、彼らの近くにいる大人たち、そして、これから大人になり親になって行く大学生たちに、この本を手にとってもらいたいと思っている。

10代のあなたへ——幸せになるための3つのヒント

高校時代、私は自分のことを不幸せだと思っていた。なんで自分ばかりこんな思いをしなければならないんだとか、自分はかわいそうだと思っていた。でも、本当は幸せになりたかった。「どうせ自分なんて幸せになれない」と諦めていた反面、それと同じくらい「幸せになりたい」と思っていた。そんな私は今、「今を幸せだと思える今」を生きている。

だから、もし10代の私がこの本を読んでいたら、22歳になった私はこんなことを考えているよ、と伝えたい。10代の私に出会えたら伝えたい、幸せになるための3つのヒントをここに書いておきたい。

環境のせいにしない強さ

幸せになるための1つめのヒントは、嫌なことや苦しいことがあっても「環境のせいにしない強さ」だ。私は被災地の高校生たちと出会って、環境のせいにしないことの強さを知った。

高校時代、私は誰も自分のことをわかってくれないと嘆いたり、何か嫌なことがあると家族や先生のせいにしたりして、自分はかわいそうだと思っていた。「早く自由になりたい」と高校を中退してみたけれど、結局勉強もせず、ただふらふらと渋谷で毎日を過ごす「ダメな子」だった。たしかに、私は環境のせいで、周りのせいで「ダメな子」になってしまったのかもしれない。けれど、すべてを人のせいにして、「こんなの夢も希望もない社会だ」と嘆いているだけでは何も変わらなかった。周りも、自分も変わらなかった。

一方、被災地で出会った高校生たちは、一見絶望的に思える悲惨な状況の中、「何かしたい」と言っていた。自分にできることを探したり、「自分たちから地域を元気にしよう」と一歩踏み出して活動していた。そこには「環境のせいにしない強さ」があった。たしかに、そういう活動に巡り合えた人は周りの大人に恵まれたのかもしれない。しかし、それだけではないはずだ。「何かしたい」と思ったときや何かを変えたいと思ったとき、その想いが伝われば、きっと動いてくれる大人はいるはずだ。

被災地で活動する中でも、たくさんの大人たちが女川高生たちの「地域を元気にしたい」という想いに動かされていたし、私自身「何かしたい」という高校生の想いに動かされてColabo活動をはじめた。もし、あなたが何かしたいと思ったときは、環境のせいにして諦めるのではなく、その想いを大切にしてほしい。今は周りに応援してくれる大人がいないという人も、少しでも力になってくれそうな人や、「この人になら話してもいいかな」と思える人を見つけて試してみてほしい。10人に当たれば、1人くらいは一緒に考えようとしてくれる大人に出会えるかもしれない。「諦めたら、そこで試合終了」という言葉は結構本当だ。

一歩を踏み出す勇気

次に大切なのが、「一歩踏み出す勇気」だ。

私は高校時代、「わかってくれる大人なんていない」と思っていたけれど、そんなふうに諦めてしまうと何も変わらなかった。だから今、大人に若者のリアルを知ってもらおうとこの本を書いている。だけど、私が大人たちにこの本を通してそう伝えようとするだけでは、何も変わらない。環境が変わるのを待っている間にあなたはあっという間に大人と呼ばれる歳になってしまうだろう。だったら、勇気を出して一歩踏み出してみた方が早い。案外、周りの大人に頼ってみたり相談してみると、よいアドバイスがもらえるかもしれない。

新たな一歩を踏み出すのにはとても勇気がいる。22歳の私だって、新しいことをするときや、自ら何かに飛び込んでいこうとするときはいつも不安や葛藤を覚える。だけど、勇気を出して思い切って踏み出してみると、そこには新しい世界や新たな発見が待っている。もしかしたら、失敗したり、失敗を繰り返して「もうだめだ」と絶望を感じたりすることもあるかもしれない。だけど、そんなときも諦めず、自分の想いを大切にして前を向いて歩いていくことの大切さを、私はたくさんの人との出会いの中で感じてきた。そして、自分の想いを大切にして歩き続けることで、応援してくれる大人にも出会えた。

「大人はわかってくれない」「近くにそんな大人はいない」と嘆いている人は、ぜひあなたが大人になったとき、「今のあなたのような若者の気持ちがわかる大人」になってほしい。あなたのような若者が、いつか未来の若者の希望になるかもしれない。あなたが今している経験は、きっといつか、誰かの何かの糧になるはずだ。

自分の可能性を信じる

最後に大切なのが、「自分の可能性を信じること」だ。どんな素敵な大人に出会えても、結局は自分なのだ。もし、あなたが「自分なんてダメだ」と思うなら、そう思える自分がいるうちはまだ大丈夫。何か思ったときには勇気を出して、一歩踏み出してほしい。

何もしないよりはしたほうがよい。やりたいことがあるのなら、やったほうがよい。「自分なんて……」と言っている人も、挑戦し続けていれば、信頼し合える人との出会いをあきらめないでいれば、自分をあきらめないでいれば、いつかきっと自分や将来に対する可能性を感じることができる場面に出会えると思う。私は「自分の人生は自分で切り開くんだ！」と思えたときから、少しずつ変わっていった。

自信とは、「自分を信じること」だ。どんな環境に置かれていても、どんな人に出会えても、結局は自分。「自分がどうなりたいのか」だ。まずは、自分がどうなりたいのかを考えて、そのためにはどういうステップが必要なのか考えて行動してみよう。なりたい自分がわからない人は、身近な人のよいところや嫌なところを観察したり、いろいろな人との出会いから、「どんな自分になりたいか」考えてみよう。

これからを「不安だ」と思えるのは、未来に期待できているからだ。

これからの自分を信じよう。そして、自分だけでなく、信じてもいいかなと思える人に出会えたら、その人を信じてみよう。私は高校時代、裏切りの世界の中で「もう誰も信じたり頼ったりしない」と思ったことが何度もあったけれど、やっぱり一人では生きていけなかった。

「信じられぬと嘆くよりも、人を信じて傷つくほうがいい」という歌詞があるけれど、これも結構本当だ。とはいえ、うまくいかないことはたくさんある。やっぱりこんな社会、夢も希望もないじゃないかと思うこともあるかもしれない。そんなときはぜひ、もう一度この本を読み返してみてほしい。もしかしたら、そのときの状況を脱するヒントや、そのときの自分にできることが何か見つかるかもしれない。

私は、大人になってもこの3つのことを大切にしていきたい。

何かあっても、自分や周りの人の力を信じて、勇気を出して挑戦していきたい。

そして、できればいくつになっても、そのときの「今」を生きる若者たちと一緒に、何か新しいチャレンジをしていいたい。

おわりに――当事者として語ることの意味

16歳の頃、〝難民高校生〟だった私は親友のゆかとこんな話をしていた。

「大人になったら、本書こう！

そんで、うちらみたいに悩んだり、こんな必死に生きてる高校生がいるってことをみんなに伝えて、わかってくれる大人を増やそう！

それで、今のうちらみたいに悩んでいる子をどうにかできるようになろう！」

気づけば、あれから7年が経ち、23歳になった私はもうすぐ大学を卒業し「大人」になろうとしている。そんな私がこの本の執筆を決めたのは、「当事者として語ること」に意味があると考えているからだ。

高校時代「今の気持ちは大人になっても忘れない！　将来、今の自分みたいな子の気持ちを理解できる大人になるんだ！　この気持ちを忘れられるもんか！」と強く思っていたにもかかわらず、私は今、あの頃の気持ちやあの頃のリアルを少しずつ忘れはじめている。きっと、これからもっと年を重ねて大人になってしまったら、当時の頃のリアルをこの本に書いたような形で伝えることは、できなくなってしまうだろう。

また、大人にとって大学生はまだまだ子どもかもしれないが、高校生にとっての大学生は立派な大人で、私もいつからか高校生から「大人」として扱われるようになった。私は大学を卒業し、社会人という「大人」になる前に、高校時代の経験や、これまでに出会ってきた都市や地方の高校生たちのリアルを、当事者として伝える必要があると思った。

「当事者として語る」というのは、どんな場面でも大きな意味を持ち、何らかの活動や社会問題に取り組む際に現状を伝えて理解を得るためにも重要な役割を担っている。しかし、かつての私のような高校生が自らの置かれた状況を理解し、「当事者として語る」ことはとても難しい。そのため、大人たちにはそうした高校生の周りで起きているさまざまな問題や困難を抱える若者のリアルを知る機会はほとんどない。そして、若者と大人の社会は分断され、若者たちをとりまく問題は深刻化していく。

だから私は大人ではなく、若者として、当事者として語ることのできる今、伝えたいと思った。ギャルやヤンキー、不登校や引きこもり、ニートやネットカフェ難民、家族関係がうまくいっていない人、友人とうまく付き合えなかったり、いじめられたりいじめたりした経験のある人、親や先生に素直になれない人、死にたいと自傷行為を繰り返す人や本当に自殺してしまった人。誰かと常に一緒にいないと寂しいと不安になってしまう人、望まない妊娠や中絶を経験した人、水商売や危険な仕事から抜け出せなくなっている人……。私には、そんな友人がたくさんいる。

そして、彼らはそれぞれさまざまな想いや困難を抱えて生きている。

私が昔付き合っていた彼は17歳のとき、地元を離れて東京に出てきていた。彼がなぜ高校に通っていなかったのか、なぜ東京で一人暮らしをしていたのか、今となっては気になるが、当時の私たちはそういった互いの複雑な事情について深い話はせず、ただ一緒に過ごしていた。カップルでもそういう話をしようとしなかったのだから、当時友人や他の誰かに話すことはもっとハードルが高いことだったのだろうと思う。

私が家族との関係を少しずつ修復することができたのは、大学入学前に大好きだったじいじが亡くなったことがきっかけだった。両親はすでに離婚して、私は母と暮らしていたのだが、2人でじいじのお葬式の準備をしたのがきっかけで、私たちは少しずつ距離を縮めていくことができた。私は最近になってようやく、周りの人の力も借りながら、家族との距離の取り方がわかってきたような気がしている。

高校時代、私は両親が大嫌いだったけれど、子どもは親を「諦める」ことはなかなかできない。どんなことがあっても、親への期待の気持ちを切り捨てることはできなかった。やりたいことも夢もなかった私は「夢乃」という名前は名前負けしていると思って大嫌いだった。両親がどんな思いでこの名前を付けたのだろうかと想像して、その期待に応えられていないと思って泣きたくなることもあった。「親なんていらない」と言っている人ほど、親に対する期待の気持ちが強い。期待しているからこそ反発しているのだ。

これは、「大人なんて……」と言っている若者たちにも共通するところがある。本当に大人に期待していなかったら大人に文句なんて言わないし、反抗的な態度はとらない。わかってほしいという気持ちの裏返しや、やり場のない想いを発散するため、そういう言動をとってしまうのだ。

だから、もしそういう若者を見かけたら、どうしてそういう表現をしているのか、考えてみてほしい。当事者として語ることのできない若者がそういう態度で何を伝えようとしているのか、その声を拾ってほしい。そういう若者の声に気づくことのできる大人は少ない。そして、気づいて声をかけられる大人はもっと少ない。

そういう若者に出会ったときには、面倒くさそうな顔をしないで、歩み寄ってほしい。その一歩が、その若者が見ている世界を変えるきっかけになるかもしれない。あなたの一歩で誰かの世界は変わると、私は本気で思っている。そういう大人の声がけに、「うぜえ」「だるい」とか言っている若者たちほど、自分たちのことを気にかけてくれている人がいることを心のどこかで喜んだり、そのことに安心したり、いつの日かそのときのことを感謝するようになると思う。

当事者として語ることのできない若者たちに、大人は姿勢で語りかけてほしい。自分が大切にしたいと思うものを大切にしたり、自分の問題意識に沿って活動したり、どんな思いでどんな生き方をしているのか、その姿を若者に見せてほしい。中卒で働いてきたからわかることや、高校時代に真面目だったからわかること、大学生だからわかることや、新米主婦だからわかること、ベテラン主婦だから言えること、キャリアウーマンやサラリーマンだから思うこと、自営業をしているから言えること、東京で暮らしているからわかることや、地方出身者だから言えること、おじいちゃんだから言えることや、おばあちゃんだから言えること……。それぞれ、さまざまな立場にあったり違った経験をしてきているからわかることや言えることがある。あなただからできることは、必ずあるはずだ。

2013年3月、私はColaboを法人化した。渋谷に女子高生が安心して立ち寄れる場所をつくった。大学卒業後も中高生たちと共に生きていきたい。

私は、〝難民高校生〟や〝難民高校生予備軍〟の子どもたちの存在や、彼らの抱える問題を発信し続けたい。大人たち一人ひとりに「居場所のない高校生」たちの問題を、単なるダメな子の「個人的な問題」や、「若者だけの問題」として捉えるのではなく、自分たちがつくっている「社会の問題」「次の世代につながる問題」として認識してもらいたい。

私はこれからも「若者と社会をつなぐきっかけの場づくり」をしていく。その繰り返しが、高校生たちの新たな「溜め」となり、若者たちの可能性を信じる大人を増やすことにつながり、分断された若者と大人の橋渡しにもなると考えている。

最後に、私が大切にしている言葉を紹介したい。
私がコスモ生の頃、農園で阿蘇さんは稲刈りのとき、毎年私たちに一人1本の稲をもたせ、そのうち1つの穂に実った種の数を数えさせた。1本の穂には百数十粒の種ができている。次に、種の数と稲から出ている穂の数を掛けると、1本の稲には3000粒ほどの種ができていることがわかる。阿蘇さんはそれを人生にたとえて、こんなことを言っていた。

「1粒の米が育って実を付けると、数千倍の種になる。
元は1つの米粒だったのが、
芽を出し、それが育って実を付ける頃には数千倍になっている。
そしてその種が、また数千倍の種になる。
みんなも同じように、たくさんの実を結びます。
その実はいつか種となり、いろいろなよい影響を与えることができるでしょう。
1粒の米はそういう力になって、その種はまたどこかで実を結ぶ。
みなさんはそういう可能性をもっています」

私もいつか、そんなふうになりたい。

謝辞

この本を書く機会をくださった英治出版の原田社長、高野さん。この本を担当し、アドバイスをくださった杉崎さん、原口さん。

一緒に「たまげ大福だっちゃ」を開発した勇太会長、いずみちゃん、唯ちゃん、尭也、巧、小泉博校長をはじめとした先生方。千秋さん、大沼製菓のみなさん。Colaboの活動を応援し、協力してくれたみなさま。

あたたかく見守り、いつも的確な助言をいただいた石原俊先生。さまざまな機会を与え、出会いを創造にすることの意味を教えてくれた猪瀬浩平先生。大学生活においてさまざまなチャレンジをともにしてくれた先輩や後輩、友人たちやハビ☆コレスタッフのみんな。活動写真やカバー写真を撮影してくれたカメラマン森田友希さん。「ネコ語」しか話せなかった私に付き合い、大きなきっかけをくれたコスモの講師やスタッフのみなさん。大切なふるさと農園でいつも「おかえり」と迎えてくれる阿蘇道子さん、白戸睦敏さん、けい子さん。農園で出会った不器用な仲間たち。

私を生んでくれた両親と可愛い妹。

一緒に渋谷時代を乗り切った最高の悪友ゆかと、愛するたかちゃん。

未熟な私をいつも見守ってくれているすべての方々へ、感謝いたします。

そして最後に。何もかも嫌になっていた私に向き合い、一緒に遊んだり、笑ったり、悩んだり、怒ったり、泣いたり、抱きしめたり……。たくさんの愛をくれた故・阿蘇敏文さんに感謝し、これからも私は前を向き歩いていきます。

文庫版あとがき

この本を執筆してから、4年が経とうとしている。中高生から「大人」と言われるようになった私はもうすぐ27歳になる。Colaboは今「すべての少女に衣食住と関係性を」を合言葉に、中高生世代を支える活動を行っている。夜の街を巡回し、終電前後に家に帰らずにいる少女たちへの声掛けや相談。食事や風呂、衣類の提供。児童相談所や役所、警察、病院、学校などへの同行支援。虐待、DV、児童買春や人身取引などでさまざまな暴力をうけた少女たちが宿泊できる一時シェルターと、中長期的な暮らしを支える自立支援シェアハウス、自助グループの運営。少女を取り巻く実態を伝える啓発活動や夜の街歩きスタディーツアーなどを行っている。相談は全国から寄せられ、『難民高校生』を読んでくれたことがきっかけで、連絡をくれ、出会えた人もいる。

中高生は、今

2016年、Colaboに駆け込んできた中学生がいる。彼女は父親に殴られ、裸足で家を飛び出した真冬の深夜2時ごろ、小さな街の階段に座っていると男に声をかけられたという。事情を話すと、コンビニでおにぎりを買ってくれた。手を握られて、ついていった。「まずいと思ったが、怖くて抵抗できなかった」。男の家に着き、おにぎりを食べると「歯磨きかお風呂、どっちかやる?」と聞かれ、断ったが強姦された。初めての性行為だった。

「声をかけてくるのは、そういう男の人だけだった。寝たくてもどこで寝たらいいかわからないし、頼れるのはその人たちだけだった」。彼女はColaboのシェルターを利用し、今は暴力のない環境で生活しているが、当時のことを思い出して辛くなることがあるという。性暴力は、魂の殺人と言われる。

ある少女は、親に「出ていけ」と言われたとき、大人に見つかり警察に補導されて家に連れ戻されることを恐れて、身を隠すようにしていたと話した。公園のベンチで一夜を過ごしたと聞き、行ってみるとそのベンチは、私が高校時代、家から裸足で飛び出して、泣きながらゆかに電話をし、助けを待った場所であった。あれから10年以上経った今でも、同じように、苦しんでいる子どもたちがいる。

私が高校生だったころは、渋谷にたむろしたり、居酒屋やファーストフードで朝まで過ごしたり、夜中にネットカフェでシャワーを浴びたり仮眠することができたが、今は当時より補導や規制が厳しく、高校生が夜間に入店することは難しい。渋谷のセンター街も、「安心・安全・きれいな街づくり」のためにと、2011年に「バスケットボールストリート」と改名し、パトロールを強化し、たむろする若者に「どけ」と厳しい口調で注意するようになった。当時、商店街の理事長はメディアの取材に対し、「センター街が一時期、家出少女など、不良っぽい若者が集まる場所として有名になり、怖い街、汚い街というイメージができた。そのイメージを変えたい」と述べていた。

同時期に、渋谷区は宮下公園を、企業とタイアップしてフットサル場などにリニューアルする計画を進めた。この公園では、たくさんのホームレスの人が生活していたため、反対運動が起きたが、区は家のない人たちを無理やり追い出した。今、そこにあるフットサル場を利用できるのは、渋谷区内在住、在勤、在学の人で構成される5人以上の団体となっていて、お金を払わないと使えないようになっている。

安心安全な街づくりのためには、さまよう子どもたちや、家のない人、帰るところのない人たちを排除するのではなく、手を差し伸べ、そういう人たちを狙う大人たちにこそ、注意や指導をするべきだと私は思う。

居場所をなくした子ども達をかくまうことのできる社会の隙間がなくなっていると感じる。街には、かつての私のような高校生の姿は少なくなったが、それは、そういう高校生が減ったのではなく、見えにくくなっただけだと思う。居場所をなくした中高生にとって、今の社会はますます生きづらくなっていると思う。街でたむろすることや、その中で友人をつくることも難しくなった今、人目につかずに、ネットやスマホのアプリで泊めてくれる人を探して生き延びてきたという中高生と出会うことも多い。子どもを狙う大人たちにとっても、ネットを通して、人目につかないところで直接子どもにアプローチできるようになっている。

問題を抱えたり、困っている人たちの姿が、そうでない人の目に触れにくくなることが、安全・安心ではないと私は思う。見えないように、ないものにしてしまうことこそが問題を深刻化させていると思う。

私たちは『買われた』展

Colaboの活動を知った昔の友達からは、こんな連絡をもらった。

「覚えてる？　渋谷で一緒だった。夢乃みたいなお姉さん、私が高校生の時いなかったから、いたら、なにか変わってたかもとか思っちゃう。夢乃のSNSでの投稿見てると、今でも、援交とかあるんだね」

日本では、児童買春について、「少女売春」「援助交際」などの言葉で、「遊ぶ金欲しさに」「気軽に足を踏み入れる少女たち」という文脈で、時にそれが大人から少女への援助であるかのように語られ続けてきた。しかし、そこにあるのは「援助」や「交際」ではなく、暴力と支配の関係性だ。金銭のやり取りを介することで、暴力を正当化しようとする人もいるが、買う側の存在や、虐待、性暴力、子どもの傷つきや、トラウマに目を向ける人は少ない。

そんな現状を変えたいと、2016年夏、Colaboにつながった女子たちが中心となり、「私たちは『買われた』展」を開催した。北海道から九州で暮らす14～26歳のメンバーそれぞれが「買われる」に至るまでの背景や体験を伝えた。虐待から逃れるために家を出て、うつむいて歩いた繁華街の道の写真、コンビニの廃棄食品を一人で食べ続ける日常を記録したノートや、障害を理由に差別された経験、性暴力やいじめの被害を学校や児童相談所や役所、警察、福祉施設などに相談した際に受けた不適切な対応や、「大人に言われた嫌な言葉」を伝えるパネルを展示した。貧困や虐待だけでなく、教育熱心な親の期待に応えることに疲れたことや、いじめや詐欺や病気がきっかけになった人もいる。企画展に足を運んだ多くの人が「自分が偏見を持っていたことに気づいた」「大人の責任が大きいと感じた」と語った。

4年前には書けなかったこと

中高生の時、特に、母が鬱になってから、私は放課後家に帰るとき、「今日はどんなママが出てくるだろう」とソワソワしていた。落ち着いている日はよかったが、荒れている日はささいなことで怒られ頬をたたかれたり、その後、抱きしめながら泣いて謝られたりすることもあった。「どのママを信じたらいいのかわからない」という気持ちになった。

体調が悪く、母が寝込んでいるときもあった。そんな母に、学校に行けと言われて「当たり前のこともできないあなたに言われる筋合いはない」と言ってしまったこともあった。「どうしてうちは他の家と違うんだろう。普通じゃないんだろう」と思っていた。

当時、母は父について「亭主関白だから」と話していたが、今思えばDVのある家庭だった。父はお茶を飲みたいとき、母に「お茶」と言ったり、思い通りにならないと「貴様」と言ったりしていた。「私はお茶ではありません」と言いながら、お茶を入れる母の姿を覚えている。母が自分を押し殺しているのを見ていたし、「あの人に何を言ってもダメ」という母の言葉も聞いていた。

ある日、両親が喧嘩し、母が泣いていた。それを見て、妹も泣いていた。私も泣きながら、「もうやめて。出ていけ」と父を玄関のほうに押しやろうとした。私は父によって、家の外に引きずり出された。そんなとき、私と妹は互いを支え合った。私たちの部屋は玄関に面していたので、どちらかが外に出されたときには、もう一人が部屋の窓をあけ、隙間からお菓子を渡したり、家の鍵を渡したりした。親の隙をみて、玄関のチェーンをはずし、状況が落ち着いたタイミングで外に出されたほうが家に入るようにしていた。自分が助けられる状況になく、窓の外から泣いて助けを求める妹に「うるさい、あっちに行け」と言ってしまったこともあった。妹が逆の立場になったとき、「おねえちゃん、ごめんね」と泣いていたこともあった。そんなとき、私は、

「この前逆の立場だったとき、鍵をあけてあげたのに、どうして」と妹にあたってしまうこともあった。

幼いころから、外に出されることはよくあった。小学校に上がる前に、アパートの外に出されて泣いていると、近所の人が気づいて、インターホンを押し、「こんな時間に、子どもを外に出していたらダメよ」と母に言ってくれたことがある。私が家に入ると、母は泣いていた。

私が家族に反発するようになると、ますます家での居場所はなくなった。シャワーや洗面所を使うと「邪魔なんだけど」「よくそんな不細工な顔で鏡を見れるな」などと家族から言われた。顔を合わせたくないので、キッチンやリビングに行く回数を減らしたり、トイレに行くタイミングも見計らったりしなければならなくなった。夜、眠れない日が続き、イライラした私はよく、深夜にチョコをなめながら、部屋のベッドで過ごした。洗面所にも行きづらいため、歯磨きができず、歯が虫歯でボロボロになった。お風呂に入るときも、裸で無防備なところに誰かが侵入してきて何かされたらどうしようと思ったり、家で何か物がなくなると、私が盗んだと疑われることもあったので、部屋を漁られたりしないか不安だった。

そんな状況の中、家族が、私が学校に行かないことや、進路のことばかり心配してくることも嫌だった。私の気持ちは無視されていると感じたし、先の事を考えられるような状況ではなかった。口答えすると、「言い訳するな」「人のせいにするな」と言われた。「誰の金で飯食ってると思ってるんだ」「誰の家に住まわせてもらっていると思ってるんだ」「嫌なら出ていけ」と怒鳴られることもあった。「子育てに失敗した」と母が人に話すのを見て、「自分は失敗作なんだ」とも思った。「産まなきゃよかったのに」と言ったら、叩かれた。

そんな中、死にたいと言う私に「親からもらった命なんだから」と叱る大人がいた。家族が包丁を持ち出して、殺すか殺されるかと思うようなことが起きていたのに、私の話を聞かずに「命は大事」とか「自分を大切にしなさい」と説教する大人は信用できなかった。

そもそも、自分を大事にしたいと思えていなかった。自分にとって、自分は大事にしたいと思える存在ではなかったし、自分を大切にするとはどういうことなのか分からなかった。今出会う中高生の中にも、自分が大切にされていると感じられる経験がなかったり、そう感じられる状態にない人が、自暴自棄になったり、「自分を大切にする方法がわからない」と泣いていたことがある。

暴力の連鎖は止められる

両親が離婚してからも、父からは「養育費がかかって大変だ」と言われた。一人になった父をかわいそうに思い、私は父の誘いに乗って食事にいっていたが、母は私が父に会うことをよく思っておらず、機嫌が悪くなるので気をつかった。暴力をふるっている自覚は家族にはないようだったし、家族は私を加害者のように扱った。互いが互いを傷つけあう状況だった。このとき、みんなが自分を被害者だと思っていたと思う。

4年前、この本を書いたとき、私は自分が虐待を受けて育ったとは思っていなかった。ある日、私の講演会場で「本、読みました。虐待ですよね」と見知らぬ中年男性に言われて、私の顔は引きつってしまった。自分が虐待をうけた、暴力をうけた、そのトラウマを抱えているということを受け入れることは、簡単ではなかった。両親の間で暴力があることを目にすることも虐待であるということを知らなかった。そういう環境で育つと、脳や体や、コミュニケーションや考え方にさまざまな影響が出ることも知らなかった。

友人関係の中でも、誰かをバカにしたり、騙したりすることは日常茶飯事だった。誰かにひどいことを言われたり、胸を触られたり、奴隷のように扱われても「そのくらいなんてことない。別に自分は大丈夫」と周りにも言うことで、自分を保っていた。そうすることで、さらなる暴力に遭うこともあった。「虫」と呼ばれたり、「もはや生き物ではなくて、お前は豆以下」とか言われたりしても、冗談のようにして笑った。

いつの間にか、暴力を暴力だと思わなくなった。「そのくらい当たり前」と思っているほうが楽だった。

女性を物のように扱ったり、「性欲処理器」と呼んだりしていた男友達の中には、大人になった今でも、女性に暴力を振るい続けている人が少なくない。私は関係を断っているが、女子高生を騙して強姦したり、違法の風俗店で働かせて逮捕されたりした人もいる。彼らがしていることは、許せない。しかし、中高時代に一緒に過ごした経験からわかるのは、彼らも、虐待や暴力や支配の被害者であるということだ。2008年、秋葉原で無差別殺傷事件が起きたとき、河合塾コスモには「犯人の気持ちがわかる」という友人が何人もいた。大人になってからわかったが、私の父や母も、複雑な環境で育ったそうだ。

私も自分が犯罪者にならずにここまで生きてこられたのは、私を大切に想ってくれて、信頼してくれて、さまざまな体験を通して希望を取り戻させてくれた大人たちのサポートがあったからだと思う。

今でも、私は育った環境やトラウマの影響で、自信をなくしたり、自暴自棄になりそうになったり、かたまったり、悲観的に考えたり、臆病になったり、攻撃的になったりすることがある。特に、権力を持つ人に理不尽な扱いを受けたときや、暴力を目の当たりにしたとき、家族と会った後などに起こりやすい。家族と会うと、否定されたような気がしたり、気をつかったりして疲れる。家族から、私の発信や活動に対して「過去の不幸を売りにしている」と言われ、傷ついたこともある。家族は私にとって、絶対的に安心できる関係性ではない。

「うちの親はこういう人なんだ」と、親に期待することをやめたときから、少し楽になれたと思う。それは、親を受け入れることでもあった。しかし、今でも、期待して傷つくことはある。たとえば、あるとき親に、自分の中高時代の考えについて話したことがある。「自分はこんな気持ちだった。こんなことに傷ついたし、こういうことが嫌で、大変だった」と話してみたのだが、父も母も、私の話を最後まで聞かないうちに、「自分こそ大変だった」と私に張り合うようにして話をしてきて悲しかった。そういうときに、どう対処したら自分をコントロールできるかも、年を重ねるにつれなんとなくわかってきたし、今の私には、そういう話を安心して話せる人たちがいる。

謝ることの大切さ

私が両親にそんな話をしたのは、当時のことを親がどう思っているのか知りたかったのと、あの頃のことを謝ってほしかったからかもしれない。自分も悪かったと思っているけれど、親がどう思っているのか知りたかった。母は一度、「あの頃は私も大変だったから、子どものことはどうにもできなかった。悪かったね」というような言い方で謝ってくれたことがあったが、父は『難民高校生』を読んだとき「そんなことあったっけ」となかったことのように言ってきてショックだった。母は「そのころの記憶があまりない」と言っていたが、辛いことがあった時、記憶しなかったり、記憶を変えたり、閉じ込めておくことは誰にでも起こりうる、身を守るための本能的な反応であると後から学んだ。

読者のみなさんも、子どもと関わる中で、相手を傷つけるような言動をとってしまったときには「謝る」ことを大切にしてほしい。小さなことでも、積み重なれば大きな不安や不信感につながる。だから、気になることがあれば、子どもの気持ちを聞き、「やってしまった」と思うことがあったときは謝ることを忘れないでほしい。

私も、中学生を怒らせてしまったことがある。彼女が友人関係に悩んでいて、学校に行きたくないと話していたとき「そんなことで行かないなんて、もったいない」と言ってしまった。彼女は「大人にとっては『そんなこと』だよね」と怒った。私はすぐに謝った。自分が中高時代に嫌っていた嫌な「大人」になってしまった気がして、このときは猛反省した。「そんなふうに自分を大事にしてくれない友達のせいで、出たい授業に出られないなんてよくないね。どうしたらいいかな。先生に相談できそうな人はいない？」などと言えばよかったと思う。これからも、自分の言動がよくなかったと思う時には、謝れる人でいたい。

自立とは、頼る力を持つこと

私は家族と離れて暮らすようになり、物理的に距離を置くことで、良い距離感で付き合えるようになったと思う。4年前に『難民高校生』を書けたのも、家を出て、パートナーと暮らし始めていたからだ。彼によると、この本を執筆中の私はかなり荒れていて、私はパソコンを睨みつけながら、椅子に片足を上げて原稿を書いていたり、口も悪くなったりしていたそうだ。突然枕に顔を沈めて叫びたくなったり、辞めていたタバコを吸わないと落ち着けなくなったりしたときもあった。今は、そんな時も支えてくれる人がいるから、活動も続けられている。

高校生くらいの年齢になると、いろいろなところで「もう大人なんだから」とか「自立しなさい」と言われるようになるけれど、大人になった私は、自立は「一人でなんでもできるようになること」ではないと考えている。自立は孤立とは違う。たった一人で立つことではなく、むしろ、人の力を借りたり、誰かに力を貸したりしながら生きられるようになることだと考えている。

困りごとがあった時、暴力で押さえつけたり、一人で我慢したりするのではなく、人を頼ったり、コミュニケーションを通して解決していく力や、「助けて」と言えることが、自立につながる。助けてと言うことは、恥ずかしいことじゃない。生きていくために必要な力だと思う。

逃げることは、大切なこと

暴力には、次のような種類がある。叩く、殴る、蹴る、髪をひっぱる、食べ物を与えない、病院に行かせないなどの「身体的暴力」、傷つく言葉を言ったり、ばかにする、見下すようなことを言う「精神的暴力」、付き合う相手を制限したり、外出を許可制にしたり、孤立させて追いつめる「行動の制限」、望まないキスや、避妊をしないセックス、体について嫌なことを言うなどの「性的暴力」、生活費を渡さない、学費や給食費を払わないと脅すなどの「経済的暴力」、スマホで位置情報を監視したり、他人とのやり取りを監視する「デジタル暴力」などである。親子間だけでなく、親戚や教師など他の大人たちとの関係や、友人、恋人関係など、どんな関係性の中で起きても暴力は暴力である。また、子どもがしてほしいことをたくさんする「過保護」と違い、してほしくないことまで親がしてしまう「過干渉」も虐待の1つである。

暴力をふるった人が、その後に優しくなることもよくある。それは暴力をふるう人の特徴であり、暴力をふるわれる人の行動や態度を変えても、暴力をふるう人の行動を変えることはできないと、暴力や犯罪に詳しい専門家たちから言われている。そして、いかなる暴力や差別やいじめでも、どんな理由があったとしても、暴力をふるう側に100％責任がある。暴力をふるわれていると、自分が悪いから、弱いから、情けないから、迷惑な存在だからだと思ってしまうことがあるが、それは違う。そして、暴力を受けた自分を恥ずかしいと思わなくていい。悪いのは、100％暴力をふるう側であるということを知ってほしい。

もし、この本の読者の中に、暴力をふるわれている人がいたら、我慢せず、逃げる勇気を持ってほしい。自分が耐えることでその場をやり過ごそうとしていると、自分のことが自分でもわからなくなってしまう。逃げることは、悪いことではない。「また逃げるのか」「現実に向き合いたくないから逃げるんだろう」「弱いやつ」「逃げるな」などと言われてきた人もいるかもしれない。そういう言葉をかけることも暴力だ。逃げることは、生きるために必要な、大切なことだ。大人たちもみんな、そうやって生きている。

私も高校時代、嫌なことを忘れるために、夜の街に逃げていた。逃げた時間は自分にとって、大切なものだと思っているけれど、そこも安心できる場所ではなく、私はタバコやお酒や友人に依存した。依存しあう関係性は、支配の関係性に似ていた。

逃げようか迷っている人は、誰かに相談する勇気を持ってほしい。私のように、危険な所ではなく、暴力のないところに逃げるために。家を出ることまでしなくても、ほっと一息つける居場所や、安心して話が出来たり、素を出せる関係性ができたりすることで、楽になることもあると思う。Colaboに連絡をくれてもいい。一緒に考えたい。

ある高校で授業をしたとき、「良い大人と悪い大人の見分け方はありますか」と質問されたことがある。難しい質問だが、「自分の気持ちを尊重してくれるかどうか」は1つの判断基準になるのではないかと思う。自分の意見を押し付けるのではなく、選択肢を一緒に考えたり、それぞれのメリットやデメリットを示したりしながら、「あなたはどうしたい?」と、自分の気持ちや選択を大事にしてくれる人は、信頼してみてもいいかもしれない。「どうしたい?」と聞かれても、わからないときもあるだろう。そんなときでも、一緒に考えてくれる人や、答えを待ってくれる人なら、信じてみてもいいと思う。

私はこの本を書いた頃、大人にあまり期待していなかった。しかし、本を書いたことをきっかけに、活動を知った人たちが、私の話を大人たちに聞かせたいと講演会を企画してくれたり、中高生の気持ちや実情を知りたいと、話を聞きにきてくれたりしている。知りたい、一緒に生きたいと思っている大人が、意外といるのだとわかった。Colaboの活動を寄付などで支えてくれる人の中には、「自分も元当事者です」という人もいる。何十年も前から、声をあげられずにいた人たちがいることも知った。

もし、読者の中に、暴力を振るってしまうという人がいたら、カウンセラーに相談したり、自分の過去を整理したり、暴力について学んだり、自分を変えるための行動をしてほしい。

もし、自分にできることはないかと考えてくれる人がいたら、まずはクラスの中に、いじめられたり、疎外感をもったりしている人がいないか見渡して、声をかけてほしい。声をあげられずにいる人に、寄り添える人になってほしい。関心を持ち、気づける人になってほしい。そして、自分が大人になった時、買う側にならないことや、何かの手段として暴力を選ばない人になること、何かあった時、自己責任を押し付けるのではなく、一緒に考えられる人になってほしい。近くに暴力をうけて困っている人がいたら、信頼できる大人に相談してみてほしい。

アメリカの公民権運動で、差別や暴力に対して「非暴力」で抵抗し続けたキング牧師という人が「最大の悲劇は、悪人の暴力ではなく、善人の沈黙と無関心である」という言葉を遺している。身近なところから、できることがあると思う。

自分の人生は自分のもの

私はかつて、自分に人権があることや、対等な関係性を知らなかった。父が母を見下すのを見て育ったので、私もそんな母に物を言われるのが嫌だった。社会でも、女性に対する風当たりは強く、「痴漢にあうのは夜遅くに出歩いたり、短いスカートを穿いたりしているから」と言われ、被害に遭っても自分が悪かったのだと思っていたし、電車で男性から谷間をジロジロみられたり、アルバイトしていた会社で社員に性的な誘いを受けたり、男性たちが「風俗で女を買った」と自慢しているのを目にしたりしていたので、性的対象として男性から見られることは、仕方のないことだと思っていたし、「女子高生」である自分には魅力や価値があるのだと、勘違いしていた。

女性が「家内」や「奥さん」「嫁」と呼ばれ、「家事は女の仕事」とされ、夫を「主人」と呼ぶことも当たり前だと思っていたけれど、今は、「自分の主は自分である」と思う。「自分の人生は自分のもの」、主体者として生きていいんだと思える。「男らしさ」「女らしさ」という価値観に捉われたり、性別によって役割を決められたりするのはおかしいと思うし、家事や育児はできる人がすればいいと思う。家族が子どもを育てたり、ご飯を食べさせられない状況にあったりするのなら、他の誰かがそれをすればいいと思う。何かあったとき、個人や家庭の問題とせず、同じように苦しんでいる人達にも目を向け、社会の問題として考えることで、社会の中で問題を改善することができ、一人一人の意識も変えていける。

そういうことを、私は出会いや活動の中で、大学では学問を通して学ぶことができたと思う。学べたことで、自分の考えを持つことが出来た。視野が広がり、生きやすくなった。

私は、阿蘇さんに出会うまで、女性を尊重する男性がいることを知らなかった。出会ったことがなかった。対等な関係性を知らなかった。だからこそ、今出会う中高生たちとも、対等な関係性を築きたいと思うし、パートナーと私の関係性を見て欲しいと思う。

人権ってなんだろう

最後に、Colaboのトイレに貼っている、私からのメッセージを紹介して終わりにしたい。このメッセージは、子どもへの暴力防止の活動をしているNPO法人CAPセンター・JAPANが「子どもたちに伝えたいこと」としてホームページに掲載している文章をColabo風にアレンジしたものだ。

「嫌だ」と思うことがあったとき、
「自分が悪いから」「どうせ私なんて」
「自分が我慢すればいい」と思う必要はありません。

誰かに髪を引っ張られたり、殴られたり、ひどいことを言われたり、
束縛されたり、したくないキスやセックスをしなければならなかったり、
あなたの安心安全や、自由をうばわれること。
それは、当たり前ではありません。

これまで育ててくれたから、愛しているから、
あなたのことを考えてのことだからといって、
親、彼氏、他の誰にも、あなたに暴力をふるったり、
あなたの意思や、安全や、自由を奪ったりしていいということはありません。

生でのセックス、中出し、顔射は当たり前ではありません。
あなたがしたくないとき、あなたが感じているふりをする必要はないし、
AVで描かれているような、暴力的なセックスに応じる必要はありません。
あなたが「嫌だ」と感じたその瞬間から、それは性暴力となります。

あなたがしたくないことや、してほしくないことを伝えたり、
拒むことができなかったりする関係性は、対等な関係ではありません。

あなたは、〝安心して、自信を持って、自由な気持ちでいる権利〟を持っています。
誰にもその権利を取り上げることはできません。

あなたが感じた「嫌だ」「困った」という感覚・気持ちは、

あなたの権利、人権が奪われそうになっているサインです。
その感覚、気持ちを大切にしてください。

あなたは安心してご飯を食べ、学び、遊び、眠り、生活する権利を持っています。
誰にも強制されることなく、ありのままのあなたでいる権利を持っています。

あなたは大切な人です。
自分を守るために何ができるか一緒に考えましょう。
人の力を借りていいいんです。

私たちはいつでも、あなたの意思を尊重し、
共に歩んでいきたいと考えています。

この本の解説を引きうけてくださった小島慶子さん、編集を担当してくださった井口かおりさん、そして、いつも活動を応援し、励まし、支えてくださるみなさま、共に活動し、声をあげてくれる中高生や仲間たちへの感謝をこめて。

２０１６年10月末　仁藤夢乃

解説　自分ができること

小島慶子

この本の「はじめに」にお名前の出てくる社会活動家の湯浅誠さんと時々ご一緒するのですが、彼はよく「橋をかける」という表現を使います。分断されているものにどうやって橋をかけるか。繋がるべきだ、と言うのは簡単だけれど、実際に橋をかける、つまり仕組みを作り、相互理解を促すのにはどれほどの苦労があるでしょう。私はその言葉を聞くたびに、実際に支援の現場に関わる人びとに敬服し、では自分には何ができるのだろう、と自責の念に駆られます。私の友人や知人には、自らNPOを立ち上げ、社会活動に携わっている人が何人もいます。彼らはそんな時、こう言ってくれるのです。「それぞれに自分がいる場所で、できることをやればいいんだよ。あなたにはできて、私たちにできないことがあるはずだから」

メディアに出たりものを書いたりする仕事はいわば空気に映ったり、良くても少しかき混ぜたりするぐらいのことで、汗をかき、生活をかけて誰かの手をとり、走り回って制度を変える仕事ではありません。その虚しさを感じつつも、しかし無力であっても無駄ではないと信じて、自分にできることをするしかないというのが、今の私の心情です。

そんな中、『AERA』という雑誌の取材で仁藤さんと出会いました。その取材で、居場所をなくした10代の女の子たちが性的に搾取されていることや、機能不全に陥った家族がそうした子どもたちへの支援を阻む壁になること、「家族は仲良く、おうちが一番」という幻想が、家庭から逃げるしか生き延びる手立てのない人々を「見えなく」しているのだということを知りました。「子どもは学校に通い、家族と暮らすのが一番いい」という思い込みは、社会が支援の努力をするための言葉ではなく、学校や家庭など、子どもたちが生きる現場で実際に何が起きているのかを「見たくない」という本音を覆い隠すための謳い文句になっていないでしょうか。

私自身も母の過干渉や父の激務による不在、姉との不和から家庭に居場所をなくしました。第一志望で合格した私立の中学校でも反抗的な態度を取り続け、中1の2学期にブラックリスト入りを宣告され、あまりに暗黒だったのでほとんど記憶がありません。中高6年間、毎朝片道2時間近くも満員のバスと電車に揺られ、痴漢と闘い、大人を呪い、憎み、同時にその大人たちのやり場のない怒りを吸って大人になりました。大学に入ってからは無断外泊を繰り返し、過食で20キロ近く太り、その後、過食嘔吐に。当時の私には、髪を染めて街に出るという世界はあまりにも遠かったため、行き着いた先が摂食障害でした。どこにも居場所を見つけることができない自分をいじめて半殺しにすることで、10代から30歳までを生き延びたのです。

そんな日々の中で救いになったものは、深夜放送のラジオや、テレビのバラエティ番組やドキュメンタリー、そして本でした。そうか、いま私の周りは真っ暗だけど、手で触れることのできない遠いところに、しかし確かに私と同じことで笑ったり泣いたり、同じやるせなさを抱えた人がいるようだ。いつかそんな世界に出会えるのかもしれない、と思いました。「死にたい」が口癖で、33歳で不安障害を発症してからは強い希死念慮にも苛まれた私をこの世界につなぎとめたのは、そうしたありふれたものだったのです。私たちと世界の間には、細い細い糸が何本もかかっています。なんでもない言葉やなんでもない出会いが、人を救うことは、確かにあります。言った当人も気付かぬうちに。仁藤さんと同じように、私も通りすがりの人の言葉に涙したことがありました。

この本にあるように、仁藤さんの現在に至るまでの道のりには様々な人との出会いがあり、あてもなく溜め込んできた思いがありました。仁藤さんと友人たちの関係と同様に、誰の人生にもきっと、ドラマに出てくるような完全無欠の友情物語や、ハッピーエンドで終わる出会いはそうそうありません。ほとんどのつながりが、あっけなく途切れてしまったり、後味の悪い終わり方をしたり、恩知らずなことに忘れてしまったりします。私にも、今でも大切にしている言葉をくれた親友が、人が変わったようになり、離れるしかなくなった経験があります。でも、終わり方が酷かったからといって、あの時彼女が私に与えてくれたものは帳消しになるわけではない、とも思っています。味気ないけど、みんなそんなちぎれた糸をふわふわと身にまとって、ジタバタ生きているのです。

　仁藤さんはそうした出会いの中から、言葉を見つけました。阿蘇さんが問いかけてくれた「どうして？」が、仁藤さんに、言葉にするのをためらっていたモヤモヤを語る機会を与えたのです。仁藤さんのしんどさは居場所がないことに加えて、どこかでその自分を俯瞰してしまうところにもあったと思います。夢にゃんを演じることで楽になれたのは、それがキャラであると知っている自分がいたから。けれど、キャラの仮面の向こうで、のたうつ自分の気配を彼女は常に感じていたのではないかと思います。それはどれほどやり場のない、不安に満ちた日々だったことでしょう。

　もしこの本を手にしているあなたが、やはり同じようにモヤモヤしているのなら、仁藤さんと同じことをしなくてもいいのです。仁藤さんには、仁藤さんにしかない出会いがあり、仁藤さんの脳みそにしか思いつけないことがあった。ということは、やはりあなたにも、あなたにしかない出会いがあり、あなたの脳みそだから思いつくことがあるのです。それが傍目にどれほど平凡で、ちっぽけな思いつきだろうと、そんなことは関係ない。世界中であなたの人生を体験した人はあなたしかおらず、それを事実として語れるのは、あなたしかいないのですから。どんな権力者にも偉い学者にも大金持ちにも奪えないのは、個人の体験です。あなたが泣き、苦しみ、笑ったことの価値は、誰にも値踏みできないのです。

人間は値札を付けられて商品棚に並べられるものではありません。野菜の選別のように、規格外だからと捨てられることがあってはならないのです。けれどそのような視線は日々私たちに注がれています。それに対して「NO」ということ。ベルトコンベアから振り落とすのではなく「あなたのことを知りたい」「あなたは誰？ もっと教えて」と手をとって尋ねること。それが、どれほどの人々の救いになるか。そしてそれは、私たち自身への労わりでもあるのです。そう改めて信じさせてくれた仁藤さんとの出会いに、心から感謝します。

［著者］

仁藤　夢乃
Yumeno Nito

1989年生まれ。中学生の頃から「渋谷ギャル」生活を送り、高校を2年で中退。その後、ある講師との出会いをきっかけにボランティア活動をはじめ、明治学院大学に進学。在学中には高校生を対象とする国際支援のファッションショーを成功させた。東日本大震災後、活動団体「Colabo」を立ち上げ、被災地の高校生と開発した支援金付大福は、発売3カ月間で3万3700個を売り上げた。現在は女子高生サポートセンターColabo代表理事として、「居場所のない高校生」や「性的搾取の対象になりやすい女子高生」の問題を社会に発信するとともに「若者と社会をつなぐきっかけの場づくり」事業を展開し、少女たちの自立支援を行っている。他の著書に『女子高生の裏社会――「関係性の貧困」に生きる少女たち』（光文社新書、2014年）がある。

Colabo ホームページ　http://www.colabo-official.net/

本書の単行本は、二〇一三年三月に英治出版より刊行された。

クマのプーさん エチケット・ブック　A・A・ミルン　高橋早苗訳

『クマのプーさん』の名場面とともに、プーが教えるマナーとは？　思わず吹き出してしまいそうな可愛らしい教えたっぷりの本。（浅生ハルミン）

倚りかからず　茨木のり子

もはや／いかなる権威にも倚りかかりたくはない……話題の単行本に3篇の詩を加え、高瀬省三氏の絵を添えて贈る決定版詩集。（山根基世）

できた！ ユニット折り紙入門　布施知子

折り紙を数枚組み合わせることで、見事な作品ができあがる！　めんこ、手裏剣、コースターなど入門的な平面作品から、箱や立体など美術作品まで。

玉子ふわふわ　早川茉莉編

国民的な食材の玉子、むきむきで抱きしめたい！　森茉莉、武田百合子、吉田健一、山本精一、宇江佐真理ら37人が綴る玉子にまつわる悲喜こもごも。

なぜ「活動家」と名乗るのか　湯浅誠

非正規雇用や貧困で生きにくい社会とは別の社会を夢見る条件を作るのが活動家の仕事だ。貧困問題に取り組む著者の活動史と現在。（茂木健一郎）

山本太郎　闘いの原点　山本太郎

脱原発、脱貧困のために闘い続ける山本太郎の原点。高校時代にデビューし、俳優となり、原発活動家、国会議員として活動するまで。（推薦文　内田樹）

君たちの生きる社会　伊東光晴

なぜ金持や貧乏人がいるのか。エネルギーや食糧問題をどう考えるか。複雑になった社会の仕組みや動きをもう一度捉えなおす必要がありそうだ。

新編 ぼくは12歳　岡真史

12歳で自ら命を断った少年は、死の直前まで詩を書き綴っていた。――新たに読者と両親との感動の往復書簡を収録した決定版。（高史明）

友だちは無駄である　佐野洋子

でもその無駄がいいのよ。つまらないことや無駄なことって、たくさんあればあるほど魅力なのよね。一味違った友情論。（亀和田武）

まちがったっていいじゃないか　森毅

人間、ニブイのも才能だ！　まちがったらやり直せばいい。少年のころを振り返り、若い読者に肩の力をぬかせてくれる人生論。（赤木かん子）

ちくま文庫

難民高校生《なんみんこうこうせい》
絶望社会《ぜつぼうしゃかい》を生《い》き抜《ぬ》く「私《わたし》たち」のリアル

二〇一六年十二月十日　第一刷発行

著者　仁藤夢乃（にとう・ゆめの）
発行者　山野浩一
発行所　株式会社　筑摩書房
東京都台東区蔵前二―五―三　〒一一一―八七五五
振替〇〇一六〇―八―四一二三
装幀者　安野光雅
印刷所　中央精版印刷株式会社
製本所　中央精版印刷株式会社
乱丁・落丁本の場合は、左記宛にご送付下さい。
送料小社負担でお取り替えいたします。
ご注文・お問い合わせも左記へお願いします。
筑摩書房サービスセンター
埼玉県さいたま市北区櫛引町二―六〇四　〒三三一―八五〇七
電話番号　〇四八―六五一―〇〇五三

ISBN978-4-480-43421-0 C0195